Christiane Wittig

30 Minuten

Effektiv arbeiten im Homeoffice

Bibliografische Information der Deutschen Nationalbibliothek
Die Deutsche Nationalbibliothek verzeichnet diese Publikation
in der Deutschen Nationalbibliografie; detaillierte bibliografische Daten sind im Internet über http://dnb.d-nb.de abrufbar.

Umschlaggestaltung: die imprimatur, Hainburg
Umschlagkonzept: Martin Zech Design, Bremen
Lektorat: Eva Gößwein, Berlin
Autorenfoto: Erwin Moser, München
Satz: Zerosoft, Timisoara (Rumänien)
Druck und Verarbeitung: Salzland Druck, Staßfurt

Hinweis:
Das Buch ist sorgfältig erarbeitet worden. Dennoch erfolgen alle
Angaben ohne Gewähr. Weder die Autorin noch der Verlag können für eventuelle Nachteile oder Schäden, die aus den im Buch
gemachten Hinweisen resultieren, eine Haftung übernehmen.

Printed in Germany

ISBN 978-3-86936-880-1

In 30 Minuten wissen Sie mehr!

Dieses Buch ist so konzipiert, dass Sie in kurzer Zeit prägnante und fundierte Informationen aufnehmen können. Mithilfe eines Leitsystems werden Sie durch das Buch geführt. Es erlaubt Ihnen, innerhalb Ihres persönlichen Zeitkontingents (von 10 bis 30 Minuten) das Wesentliche zu erfassen.

Kurze Lesezeit
In 30 Minuten können Sie das ganze Buch lesen. Wenn Sie weniger Zeit haben, lesen Sie gezielt nur die Stellen, die für Sie wichtige Informationen beinhalten.

- Alle wichtigen Informationen sind blau gedruckt.

- Schlüsselfragen mit Seitenverweisen zu Beginn eines jeden Kapitels erlauben eine schnelle Orientierung: Sie blättern direkt auf die Seite, die Ihre Wissenslücke schließt.

- *Zahlreiche Zusammenfassungen innerhalb der Kapitel erlauben das schnelle Querlesen.*

- Ein Fast Reader am Ende des Buches fasst alle wichtigen Aspekte zusammen.

- Ein Register erleichtert das Nachschlagen.

Inhalt

Vorwort

Morgens nicht im Stau stehen, konzentriert an einer Aufgabe arbeiten, ohne mit einem Ohr die Erlebnisse der Kollegen vom Vortag mitzuhören, oder die Kinder noch sehen, bevor sie im Bett liegen – was auch immer die Motivation ist, jeder dritte Arbeitnehmer wünscht sich aktuellen Umfragen zufolge Möglichkeiten, auch zu Hause zu arbeiten. Aber nur jeder zehnte tut es. Im europäischen Vergleich hinkt Deutschland damit bei Homeoffice-Angeboten hinterher. Während der Anteil der Heimarbeiter in anderen Ländern, wie Frankreich oder Skandinavien, ständig steigt, liegt er in Deutschland unter dem EU-Durchschnitt. Zu diesen Ergebnissen kommt eine Studie des Deutschen Instituts für Wirtschaftsforschung (DIW).

Meist sind es Frauen, die diese Arbeitsform in Anspruch nehmen wollen, um die Familie und den Beruf besser unter einen Hut zu bringen. Aber auch manche Männer wünschen sich – zumindest zeitweise –, von zu Hause aus arbeiten zu können, um sich ungestört um komplexe Themen zu kümmern und mehr Ruhe in den Arbeitsalltag zu bringen.

Doch obwohl viele der Beschäftigten gern mobil arbeiten würden, haben sie zugleich Angst vor negativen Konsequenzen, zum Beispiel davor, im Homeoffice mehr arbeiten zu müssen, weil die Leistungen nicht mehr gesehen und anerkannt werden, oder vor sozialer Ausgrenzung im Kollegenkreis. Hier ist es wichtig, eine

Kultur des Vertrauens zu fördern sowie betriebliche Rahmenbedingungen zu etablieren, die diesen Befürchtungen entgegenwirken.

Wenn Unternehmen ihren Mitarbeitern das Arbeiten im Homeoffice ermöglichen, bedeutet das für sie zum Teil auch geänderte Arbeitsabläufe und eine Umstellung oder Ergänzung des technischen Equipments, zudem ist mehr Vertrauen in die Mitarbeiter erforderlich. Für die Mitarbeiter wiederum geht Homeoffice mit mehr Eigenverantwortung einher. Sie müssen mehr Disziplin und Zeitkompetenz beweisen. Wer ganz oder teilweise von zu Hause aus arbeitet oder gar aus einem Angestelltenverhältnis in die Selbstständigkeit wechselt, muss sich bewusst sein, dass ab sofort nicht immer jemand da ist, der einem sagt, was man wann zu tun und zu lassen hat, und die Arbeitszeiten überwacht.

Dieser Ratgeber gibt Ihnen Hilfestellung für die gelungene Arbeit im Homeoffice und das entspannte Arbeiten in Selbstverantwortung. Sie erhalten Tipps zu Büroeinrichtung, Hard- und Software sowie rechtlichen Gegebenheiten und für eine effiziente Zeiteinteilung, eine gute Kommunikation und hilfreiches Neinsagen.

Ich wünsche Ihnen viel Erfolg für ein entschleunigtes, stressfreies Arbeiten im Homeoffice in Selbstverantwortung und Selbstbestimmung.

Ihre Christiane Wittig

30 MINUTEN

1. Vor- und Nachteile von Homeoffice

Von zu Hause arbeiten zu können, statt sich jeden Morgen bei Wind und Wetter auf den Weg ins Büro zu machen – für viele ist das eine Wunschvorstellung. Tatsächlich kann es sehr vorteilhaft sein, immer oder gelegentlich im Homeoffice zu arbeiten, und dank der digitalen Kommunikation ist das heute in vielen Berufen auch möglich. Allerdings sollte man sich auch darüber im Klaren sein, dass die Arbeit im Homeoffice nicht für jeden geeignet ist und dabei durchaus auch Herausforderungen gemeistert werden müssen. Ist Homeoffice also das richtige Arbeitsmodell für Sie? Das folgende Kapitel hilft Ihnen, das herauszufinden.

1.1 Homeoffice – was ist das eigentlich?

Früher war das, was wir heute als Homeoffice bezeichnen, eher als Heimarbeit bekannt. Darunter verstand man jedoch meist manuelle Tätigkeiten wie Mailingversand oder leichte Montagearbeiten in den eigenen, privaten Räumen. Mit der Veränderung der Wertschöpfungskette verlor der Heimarbeitsplatz als Produktionsstandort an Bedeutung und diese Arbeitsform wurde immer seltener.

Das änderte sich durch die rasante Entwicklung der elektronischen Kommunikation. Das Konzept der Heimarbeit erhielt neue Impulse und Ausprägungen, beispielsweise durch Telearbeit, Mobile Work, Road Warrior oder Satellitenbüros und Tele-Center. Die größte Zunahme dieser Arbeitsformen fand in den Jahren 2008 bis 2013 statt.

Wie verbreitet ist Homeoffice?

Bei einer Umfrage des ifo Instituts und des Personaldienstleisters Randstad im Jahr 2013 gaben Personalleiter von 33 Prozent der befragten Firmen an, ihren Mitarbeitern die Arbeit von zu Hause zu ermöglichen. Vor allem große Firmen boten damals bereits vermehrt Homeoffice-Arbeitsplätze als Benefit an. In Betrieben mit mehr als 250 Mitarbeitern betraf das oft sogar 50 Prozent der Arbeitsplätze.

Einem Bericht des Deutschen Instituts für Wirtschaftsforschung von 2016 zufolge liegt Deutschland aber immer noch deutlich unter den Quoten anderer europäischer Länder. Die Homeoffice-Möglichkeiten werden bei Weitem nicht ausgeschöpft.

Formen von Homeoffice

Homeoffice ist nicht gleich Homeoffice. Die angebotenen Arbeitsmodelle sind jeweils unterschiedlich, es kommt dabei sehr auf die Unternehmensstrukturen an. In Firmen mit einem überwiegend dezentralisierten Außendienst (z. B. in der Pharmabranche) arbeiten die Mitarbeiter öfter – oder fast ausschließlich – im Homeoffice. Ihre Arbeitsweise kommt fast der von Selbstständigen gleich.

Diese Variante des Homeoffice sollte aber keinesfalls als ein Modell verstanden werden, das die Erreichbarkeit nach Feierabend gewährleistet. Stattdessen sollte es primär darum gehen, die Vereinbarkeit von Beruf, Familie und Privatleben zu verbessern und Freiraum zu bieten, um bestimmte Dinge jenseits der Bürohektik in Ruhe zu erledigen.

Manche Firmen bieten alternierende Telearbeit an, d. h., die Mitarbeiter können nach Absprache tageweise zu Hause arbeiten oder sie vereinbaren feste Tage in der Woche oder im Monat, an denen sie im Homeoffice arbeiten. Der Vorteil ist, dass Tätigkeiten mit hohem Konzentrationsbedarf effizienter erledigt werden können, die Bindung ans Unternehmen und der Informationsfluss aber kaum beeinträchtigt werden.

Bei Mobile Work und Road Warrior haben die Mitarbeiter keinen festen Arbeitsplatz, sondern sie arbeiten im

Zug, am Autobahnrasthof, beim Kunden, im Straßencafé oder zu Hause. Im Firmengebäude gibt es häufig temporäre Arbeitsplätze.

Mobile Telearbeit zeichnet sich also durch eine hohe geografische und zeitliche Unabhängigkeit aus. Die Herausforderung liegt in der adäquaten Ausstattung, sodass die Road Warrior in die Arbeitsprozesse eingebunden bleiben, jederzeit auf Informationen zugreifen können und für Ansprechpartner erreichbar sind.

Vorteile der Arbeit von zu Hause aus:
- ⇧ Keine langen Arbeitswege und keine Staus morgens und abends
- ⇧ Keine Störungen durch Kollegen, keine Ablenkungen in Großraumbüros
- ⇧ Ungestörtes, konzentriertes Bearbeiten wichtiger Aufgaben möglich
- ⇧ Bessere Vereinbarkeit von Beruf und Privatleben, dadurch weniger Stress

Nachteile des Homeoffice:
- ⇩ Gefahr von Isolation und Selbstausbeutung
- ⇩ Eingeschränkter Kontakt zum Unternehmen
- ⇩ Reduzierter Informationsfluss
- ⇩ Mehr Selbstdisziplin erforderlich
- ⇩ Konsequentes Neinsagen notwendig

Was früher Heimarbeit genannt wurde, erhielt durch die digitale Kommunikation eine neue Dimension und ist heute als Homeoffice bekannt. Es gibt verschiedene Formen des Arbeitens im

Homeoffice, von gelegentlicher Telearbeit über das mobile Arbeiten als Road Warrior bis hin zum selbstständigen Arbeiten von zu Hause aus.

1.2 Wann und für wen ist Homeoffice sinnvoll?

Eine Freundin von mir wechselte vor vielen Jahren den Arbeitgeber. Obwohl es in den meisten Firmen bereits flexible Arbeitszeiten gab, war es in ihrem Unternehmen nicht üblich, sich die Zeit frei einzuteilen. Die Arbeitszeit ging von 8 bis 17 Uhr und musste strikt eingehalten werden. Wer zu spät kam, wurde vom Pförtner gnadenlos aufgeschrieben und der Geschäftsleitung gemeldet.

Da meine Freundin eine kleine Tochter hatte, wünschte sie sich flexiblere Arbeitszeiten. Ihre Anfrage, ob sie zwei Tage pro Woche zu Hause arbeiten könne, wurde abschlägig beschieden. Nach einigen Monaten warf sie das Handtuch, denn sie konnte Familie und Beruf nicht stressfrei unter einen Hut bringen.

In ihrer neuen Firma klärte sie bereits beim Einstellungsgespräch die Möglichkeit des Homeoffice. Ihr neuer Chef stand dem sehr aufgeschlossen gegenüber und stellte ihr diese Arbeitsform nach der Probezeit in Aussicht. Nachdem sie die Abläufe im neuen Unternehmen kennengelernt hatte und auch den Zeitbedarf für die meisten Tätigkeiten einschätzen konnte, vereinbarte sie mit ihrem Chef das zeitweise Arbeiten von zu Hause aus.

Heute ist sie glücklich über die Freiheiten, die sie genießt. Nach eigener Einschätzung arbeitet sie zwar nicht weniger, aber stressfreier und produktiver, weil sie ihre Zeit selbstbestimmt einteilen kann.

Homeoffice kann gut funktionieren

Wie das eben beschriebene Beispiel zeigt, gibt es durchaus Fälle, in denen Homeoffice die ideale Form des Arbeitens darstellt. Man sollte sich jedoch genau überlegen, ob die Tätigkeiten und die eigene Persönlichkeit zu diesem Arbeitsmodell passen.

Wenn ja, gilt es zu klären, welche Form von Homeoffice in Betracht kommt:

- Ist man zum Beispiel im Außendienst tätig und arbeitet ohnehin weitestgehend selbstständig von unterwegs oder zu Hause, dann bietet sich vielleicht einmal pro Woche ein Bürotag im Stammhaus an.
- Hat man seinen Arbeitsplatz im Unternehmen, können zwei Tage pro Woche zu Hause hilfreich sein, um Fahr- und Wegezeiten zu reduzieren.
- Es ist auch möglich, nur bei Bedarf im Homeoffice zu arbeiten, damit man sich auf bestimmte Aufgaben konzentrieren kann, die man ungestört erledigen will.

In jedem Fall stellt sich zunächst die Frage: Welche Möglichkeiten bietet das Unternehmen an? Dann kann man ein auf die eigene Situation zugeschnittenes Arbeitsmodell vereinbaren.

Was gegen Homeoffice spricht

Tätigkeiten, die aufgrund hoher fachlicher Kompetenzen oder technischer Gegebenheiten die Anwesenheit im Unternehmen erfordern, um vor Ort schnell Probleme lösen oder sich bei Schwierigkeiten ad hoc mit anderen abstimmen zu können, sind für das Arbeiten im Homeoffice nur bedingt geeignet.

Ähnliches gilt, wenn jemand den permanenten Austausch, die Ideen und das Feedback von Kollegen für seine Kreativität braucht. Eine solche Person fühlt sich schnell isoliert, wenn sie allein vor sich hin arbeiten muss und mit niemandem reden kann.

Auch wenn in einem Unternehmen viele Spontanbesprechungen abgehalten werden, kann es wichtig sein, vor Ort verfügbar zu sein. Bei vorhersehbaren und geplanten Besprechungen bietet sich jedoch als Alternative eine Video- oder Telefonkonferenz an.

Zeit und Aufgaben planen

Wer in der Woche einen Homeoffice-Tag nutzt und diesen unkontrolliert mit Arbeit vollpackt, wird im schlechtesten Fall gar nichts schaffen oder nur die Hälfte der Unterlagen verfügbar haben. Allein die Vorstellung von der Menge der Arbeit, „die ja ohnehin nicht zu schaffen ist", lähmt uns. Dann fangen wir mit gar nichts an. Erfahrungsgemäß erledigt man umso mehr, je weniger man mitnimmt. Je besser man den Zeitfaktor der einzelnen Tätigkeiten im Vorfeld einschätzen kann, umso höher ist die Wahrscheinlichkeit, dass alle Aufgaben erledigt werden. Wenn man im herkömmlichen Arbeitsalltag bereits unter ständiger „Aufschieberitis" leidet, wird man es schwer haben, sich allein im Homeoffice zu konstantem Tun zu motivieren. Und wenn man es im Büro selten schafft, seine Arbeiten bis zum Abend abzuschließen, birgt die Arbeit zu Hause das Risiko, bis spät in die Nacht zu arbeiten und so zum Workaholic zu werden oder sich permanent zu verzetteln. Geregelte Arbeitszeiten im herkömmlichen Büro- und Kollegenumfeld sind für solche Menschen sicher vorteilhafter.

Homeoffice und Stress

Wer unter starkem Stress leidet, für den ist das Homeoffice sicher kein Allheilmittel, obwohl es zur Entschleunigung beitragen kann. In diesem Fall sollte man als Erstes Ursachenforschung betreiben, denn ein hohes Arbeitspensum allein führt selten in die Stress- oder Burn-out-Falle.

Für den Menschen als soziales Wesen ist eine der wirkungsvollsten Möglichkeiten, Stress zu reduzieren, das Gefühl von Unterstützung und Anerkennung. Deshalb sollte der Kontakt zu den Kollegen im Unternehmen nicht abreißen und der Gedankenaustausch gewährleistet bleiben, damit nicht das Gefühl der Isolation aufkommt. Für Selbstständige bedeutet das, Kontakte zu Gleichgesinnten, Verbänden und anderen Institutionen zu suchen und zu pflegen. Sie brauchen eine emotionale Heimat.

Das passende Homeoffice-Modell finden

Die Arbeit im Homeoffice ist nicht nur etwas für Familienmenschen oder Teilzeitarbeitskräfte, sondern auch für Außendienstmitarbeiter oder Mitarbeiter von Unternehmen mit mehreren kleinen Niederlassungen (Satellitenbüros) und natürlich für Selbstständige. Wenn diese keine repräsentativen Büroräume mit Kaffeeküche und separatem Besprechungsraum benötigen, kann ein Büro im Haus oder der Wohnung durchaus genügen.

Bei Angestellten wiederum muss Homeoffice nicht zwangsläufig ein komplettes Arbeiten von zu Hause bedeuten. Manchmal genügen ein bis zwei Tage pro Woche, um produktiver zu sein und trotzdem den Kontakt zum Unternehmen nicht zu verlieren.

Zwei weitere Beispiele veranschaulichen, wie unterschiedlich die Arbeit im Homeoffice und die damit verbundenen Herausforderungen im Einzelfall aussehen können:

Beispiel 1: Als Selbstständiger im Homeoffice

Norbert ist Grafiker. Gleich nach seiner Ausbildung machte er sich selbstständig, d. h., er arbeitet nun von zu Hause aus und hat nur sporadisch mit Agenturen oder Kunden direkt zu tun. Er ist es gewohnt, seine Termine zu vereinbaren und die Aufträge zeitgerecht abzuliefern. Nur mit der Büroorganisation tut er sich schwer. Er verbringt viel Zeit mit Suchen oder erledigt Arbeiten doppelt, was zu erhöhtem Zeitaufwand führt. Deshalb muss er abends oft länger arbeiten, als er eigentlich will.

Beispiel 2: Zwei Tage pro Woche Homeoffice

Helga dagegen begann ihr Arbeitsleben nach dem Studium in einer größeren Firma und bekam nach einem Jahr bereits eine leitende Position. Sie hat eine Assistentin, die ihre Termine überwacht und koordiniert, und Mitarbeiter, an die sie verschiedene Aufgaben delegieren kann. Seit sie ein Kind hat, arbeitet sie immer zwei Tage in der Woche im Homeoffice, um sich besser um die Kleine kümmern zu können. Anfangs funktionierte das ziemlich gut, aber seit die Tochter älter geworden ist und mehr Aufmerksamkeit verlangt, hat sie immer öfter Stress, weil sie nicht Nein sagen kann, wenn das Kind mit Fragen oder einer Bitte kommt, und sie dann aus den momentanen Arbeiten rausgerissen wird. Dadurch schafft sie ihr Arbeitspensum oft nicht.

Angestellte im Homeoffice

Die Arbeit zu Hause erfreut sich bei Angestellten zunehmender Beliebtheit. Die Aussicht auf einen selbstbestimmten Arbeitsalltag erscheint vielen Menschen höchst erstrebenswert. Allerdings unterschätzen sie dabei oft, dass es manchmal schwierig ist, sich selbst zu motivieren und den inneren Schweinehund an die Leine zu legen. Vor allem wenn draußen die Sonne scheint und man eigentlich gerne einen Spaziergang machen oder zum Baden gehen möchte, obwohl die Vorbereitung auf das nächste Meeting ansteht. Es erfordert eine gehörige Portion Selbstdisziplin und braucht klare Regeln im Umgang mit dem Chef und den Kollegen im

Stammhaus, um nicht in einen Freizeitschlendrian zu verfallen und dadurch zu riskieren, sich den Ruf, unzuverlässig zu sein, einzuhandeln.

Wer immer im Angestelltenverhältnis gearbeitet hat und geregelte Arbeits- und Pausenzeiten gewohnt ist, für den ist die Umstellung auf die Eigenverantwortlichkeit unter Umständen gar nicht so einfach. Denn nicht nur ein Zuwenig kann beim Arbeiten zu einem Problem werden, auch das Zuviel kann sich negativ auswirken, wenn kaum Pausen gemacht werden oder abends kein Ende gefunden wird. Man will ja „nur noch schnell" die Statistik fertig machen oder eine Recherche im Internet zu Ende führen. Dabei vergisst man dann die Zeit, sodass man spät in der Nacht immer noch am Computer sitzt.

Arbeitszeiten und Biorhythmus

Auch wer morgens nur schwer aus dem Bett kommt und den Druck eines geregelten Arbeitsbeginns zum Aufstehen braucht, läuft im Homeoffice Gefahr, sich einfach noch mal umzudrehen und so wertvolle Zeit zu verschlafen, die dann später zur Bewältigung der Aufgaben fehlt. Deshalb ist es hilfreich, seinen eigenen Biorhythmus zu kennen und sich die Zeiten entsprechend einzuteilen. Dass dies durchaus funktionieren kann, zeigt das folgende Beispiel:

Elena ist der typische Nachtmensch. Sie ist selbstständige Texterin und schläft jeden Tag mindestens bis 11 Uhr. Dafür wird sie aber ab dem späten Nachmittag richtig produktiv und arbeitet oft bis spät nach Mitternacht. Da ihre Kunden meist aus Agenturen kommen und selbst erst einen späten Arbeitsbeginn haben, kommt sie mit diesem Arbeitsrhythmus gut zurecht.

Eine derartige Zeiteinteilung ist aber nicht praktikabel, wenn Sie auf die Kommunikation mit Ihrem Chef oder Kollegen im Stammhaus angewiesen sind, die spätestens ab 9 Uhr am Schreibtisch sitzen oder ab 8 Uhr früh Meetings anberaumen. Auch die zeitlichen Möglichkeiten Ihrer Kundenkontakte sollten Sie kennen, um zu wissen, wann Sie verfügbar sein sollten. Eine besondere Herausforderung kann auch die Zeitverschiebung sein, falls Sie mit Kunden oder Kollegen im Ausland zu tun haben.

Es gibt mehrere Homeoffice-Modelle, sowohl für Selbstständige als auch für Angestellte. In allen Fällen gilt jedoch: Man sollte sich genau überlegen, ob die Tätigkeiten und die eigene Persönlichkeit zum Homeoffice passen. Wer zu „Aufschieberitis" neigt, wird es schwer haben, sein Arbeitspensum zu schaffen, und wer ohnehin ständig unter Stress leidet, sollte zunächst einmal Ursachenforschung betreiben, bevor er sich für eine neue Arbeitsform entscheidet. Auch der persönliche Biorhythmus und die Arbeitszeiten von Kollegen und Kunden müssen berücksichtigt werden.

1.3 Welcher Homeoffice-Typ sind Sie?

Homeoffice kann eine Bereicherung für alle Beteiligten sein – aber nur, wenn es gut organisiert ist und zur Person und zur Tätigkeit passt. Wenn Sie im Homeoffice arbeiten möchten, ist es daher hilfreich, im Vorfeld zu beleuchten, ob diese Arbeitsform überhaupt die richtige für Sie ist. Prüfen Sie daher, ob Sie sich in einem der folgenden Homeoffice-Typen wiederfinden:

Typ 1: Der Selbstbestimmte
Sie sind die meiste Zeit beim Kunden oder arbeiten selbstbestimmt von zu Hause aus. Sie lassen sich ungern beim Arbeiten über die Schulter schauen und treffen selbstbewusst Ihre Entscheidungen. Sie können Prioritäten setzen, sich gut organisieren und auch mal Nein sagen. Der Kontakt und Austausch mit Kollegen durch E-Mails, Telefonate, Telefon- oder Videokonferenzen genügt Ihnen als Kommunikation und ist mit Ihren Aufgaben vereinbar. Sie holen sich die notwendigen Informationen und Inspirationen aus dem Internet oder auch mal bei persönlichen Treffen mit Kollegen und Gleichgesinnten.

Typ 2: Der Strukturierte
Sie sind ein sehr strukturiert arbeitender Mensch und haben Ihre Zeitplanung fest im Griff. Sie können sich gut organisieren, möchten aber für die Vereinbarkeit

von Familie und Beruf gern flexibel bleiben. Sie arbeiten gut allein, möchten aber auch den Kontakt zu den Kollegen nicht missen, denn Sie wollen ja auf dem Laufenden bleiben, was die internen Informationen betrifft. Ein oder zwei Tage im Homeoffice pro Woche sind für Sie optimal. Dadurch würden sich auch die Fahrzeiten reduzieren, sodass Sie mehr Zeit für Ihr Kerngeschäft und die Familie haben.

Typ 3: Der Konzentrierte

Sie arbeiten gerne im Team und haben auch kein Problem mit dem Geräuschpegel im Großraumbüro. Sie brauchen den Austausch mit den Kollegen und genießen die gemeinsame Mittagszeit und die Inspirationen der informellen Gespräche. Da Sie aber an mehreren Großprojekten arbeiten, wünschen Sie sich ab und zu mehr Ruhe, um sich konzentriert mit einer schwierigen Sachlage auseinanderzusetzen. Je nach Bedarf könnte ein Tag im Homeoffice Ihre Leistungsfähigkeit und Effizienz enorm steigern.

Homeoffice – ja oder nein?
Die Arbeit im Homeoffice ist für Sie geeignet, wenn Sie ...
- Beruf und Privatleben flexibel vereinbaren wollen.
- sich selbst gut organisieren können.
- sich motivieren können.
- nicht zur „Aufschieberitis" neigen.
- den Zeitbedarf Ihrer Aufgaben gut einschätzen können.

- konzentriert an einer Aufgabe dranbleiben wollen.
- sich nicht selbst überfordern.
- auch mal Nein sagen können.
- die fachliche Kompetenz mitbringen, Aufgaben/ Aufträge eigenverantwortlich zu erledigen und Probleme zu lösen.
- gut allein arbeiten können, ohne den regelmäßigen persönlichen Kontakt zu Kollegen.
- die räumlichen Voraussetzungen zu Hause zur Verfügung haben.
- das nötige Equipment haben oder beschaffen können.
- Single sind oder eine Familie haben, die Sie bei der Organisation Ihres Arbeitstages unterstützt.

Die Digitalisierung ermöglicht es heute vielen Menschen, ganz oder zeitweise von zu Hause aus zu arbeiten. Das bringt viele Vorteile mit sich, etwa die Möglichkeit, sich ungestört einer Aufgabe zu widmen, oder eine höhere Flexibilität, die es erleichtert, Familie und Beruf zu vereinbaren.

Allerdings erfordert die Homeoffice-Arbeit auch ein hohes Maß an Disziplin und Eigenverantwortung. Wer darüber nachdenkt, im Homeoffice zu arbeiten, sollte zunächst klären, ob seine Persönlichkeit und seine Tätigkeiten zu dieser Arbeitsform passen, und dann ein auf die eigene Situation zugeschnittenes Modell vereinbaren.

30

30 MINUTEN

2. Einrichtung des Arbeitsplatzes

Haben Sie sich schon überlegt, wo Sie Ihren Arbeitsplatz in Ihrer Wohnung oder Ihrem Haus unterbringen können? Möglichkeiten gibt es viele. Ein Kollege von mir hat zum Beispiel seine Garage umgebaut und sich darin ein schickes Büro eingerichtet.

Grundsätzlich kann der Arbeitnehmer seinen Homeoffice-Arbeitsplatz nach eigenen Bedürfnissen und Möglichkeiten gestalten, aber der Arbeitgeber ist verpflichtet, für die Einhaltung aller relevanten Auflagen bezüglich des Arbeitsschutzgesetzes und der Bildschirmarbeitsverordnung Sorge zu tragen. Um eine ungestörte Arbeitsatmosphäre zu gewährleisten, sollte das Homeoffice daher nicht nur eine Ecke im Schlafzimmer sein, sondern nach Möglichkeit ein separater, abgeschlossener Raum. Es sollten auch verschließbare Schränke für vertrauliche Geschäfts- und/oder Kundenunterlagen vorhanden sein.

2.1 Welche Möglichkeiten haben Sie?

Mein erstes Arbeitszimmer hatte ich mir in unserem Esszimmer eingerichtet. Der Raum diente außerdem bei Bedarf als Gästezimmer. In der Regel hatten wir nur am Wochenende Übernachtungsbesuch, und da wurde ohnehin nicht gearbeitet. Der Platz für Schreibtisch, Computer und ein Regal war nicht gerade üppig, aber ausreichend. Allerdings merkte ich bald, dass die Kombination aus Privatleben und Arbeitswelt nicht ideal war. Ich war nie ganz raus aus dem privaten Bereich und immer noch ein bisschen in meiner Arbeitswelt, auch wenn der Computer runtergefahren war. Deshalb entschloss ich mich, beide Bereiche strikt zu trennen, und richtete mir ein richtiges Arbeitszimmer ein.

Notlösungen und Kompromisse

Sicher kann man mit einem Schreibtisch und einem Laptop auch in einer Ecke des Wohnzimmers zur Not vorübergehend arbeitsfähig sein, aber als Dauerlösung ist das nicht geeignet. Sie wollen ja auch mal Unterlagen liegen lassen und nicht immer sofort alles wegräumen müssen.

Natürlich kommt es dabei auch auf Ihre familiäre Situation an. Ein Single kann eher einen Teil des Wohnzimmers als Arbeitsbereich nutzen als eine berufstätige Mutter, deren Kinder mittags aus der Schule kommen. Und ein Nachtmensch, der erst abends ab 20 Uhr kreativ wird, möchte seinen Partner sicher ungern durch die Arbeit am Computer beim Fernsehen oder Lesen stören.

Ein Schreibtisch im Schlafzimmer birgt wiederum die Gefahr, die innere Uhr falsch einzustellen. Wer morgens als Erstes den Laptop ins Bett holt, um schon die ersten Mails zu checken, bevor überhaupt die Vorhänge aufgezogen sind, programmiert nicht Freiheit, sondern Fluch, und läuft Gefahr, zum Workaholic zu werden.

Ein externes Büro

Idealerweise haben Sie ein eigenes Arbeitszimmer, bei dem Sie auch mal die Tür zumachen können. Denn schließlich wollen Sie ja ungestört arbeiten. Sollte das nicht möglich sein, ist es eine Überlegung wert, zum Arbeiten ein externes Büro aufzusuchen. Wenn Sie zum Beispiel zu Hause nicht genügend Platz oder Ruhe haben, ist das sinnvoll. Doch auch wenn Sie oft geschäftlichen Besuch bekommen, wirkt ein externes Büro – aus Kostengründen ggf. auch in einer Bürogemeinschaft – einfach professioneller.

Für den Fall, dass Sie während Ihres Arbeitstages ab und zu den persönlichen Kontakt zu anderen Menschen brauchen, bietet sich eine Bürogemeinschaft an. Hier teilen sich mehrere Personen zum Beispiel eine Büroetage. Alle sind beruflich eigenständig. Jeder hat seinen eigenen Büroraum, aber die Räume wie Küche, Toiletten und evtl. ein Besprechungsraum werden gemeinsam genutzt. Auch Drucker und Kopierer können je nach Absprache allen zur Verfügung stehen. Das reduziert auch die Kosten.

Um eine ungestörte Arbeitsatmosphäre zu gewährleisten, sollte der Arbeitsplatz nicht nur eine Ecke des Wohn- oder Schlafzimmers sein, sondern nach Möglichkeit ein separater, abgeschlossener Raum. Es sollten auch verschließbare Schränke für vertrauliche Unterlagen vorhanden sein. Wenn der Platz dafür zu Hause nicht ausreicht, bietet sich auch die Einmietung in eine Bürogemeinschaft an.

2.2 Wie ist der Arbeitsplatz ausgestattet?

Ein weiteres Augenmerk sollten Sie auf die Ausstattung Ihres Arbeitsplatzes legen. Das betrifft das technische Equipment, aber auch andere für die Arbeit relevante Aspekte. Sie sollten sich folgende Fragen stellen:

- Reicht die Internetgeschwindigkeit für Ihre Tätigkeiten aus?
- Benötigen Sie einen neuen Laptop oder Computer?
- Wie sind die Lichtverhältnisse in Ihrem Arbeitszimmer?
- Entspricht die Einrichtung den ergonomischen Anforderungen?

Das technische Equipment

Kalkulieren Sie am besten gleich eine mögliche spätere Erweiterung des technischen Equipments mit ein für den Fall, dass Ihre Anforderungen sich ändern. Einige Unternehmen stellen ihren Mitarbeitern entsprechende Einrichtungen zur Verfügung, die den Richtlinien entsprechen, andere erwarten auch hier Eigenverantwortung von ihren Mitarbeitern. Wichtig ist aber immer die Einhaltung gesetzlicher Vorgaben. Am besten klären Sie diesen Punkt im Vorfeld mit Ihrem Arbeitgeber ab.

Die baulichen Gegebenheiten

Ein weiterer Aspekt, der bei der Planung und Gestaltung des Arbeitsplatzes berücksichtigt werden sollte, sind die baulichen Gegebenheiten. In der Regel trägt ein heller, luftiger Arbeitsplatz zu unserem Wohlbefinden bei. Wenn Sie allerdings hauptsächlich am Computer arbeiten, kann grelles Sonnenlicht eher hinderlich sein. Sind Sie dagegen ein regelrechter Sonnenanbeter, wird Ihnen das Licht im Souterrain auf Dauer sicher nicht ausreichen.

Straßenlärm, der durch das geöffnete Fenster dringt, das zu einer Hauptverkehrsstraße geht, ist sicher alles andere als hilfreich, wenn Sie viel telefonieren müssen. Doch auch der Blick auf einen Spielplatz, zu einem See oder einem Park kann Sie von der Arbeit ablenken, wenn Sie im Sommer lieber dort in der Sonne liegen oder den spielenden Kindern zuschauen würden. Dann heißt es, den inneren Schweinehund strikt an die Leine zu legen. In solchen Fällen kann es sogar hilfreich sein, wenn Ihr Arbeitsplatz im Souterrain oder im Dachgeschoss liegt, sodass Sie nicht ständig mit visuellen Ablenkungen konfrontiert sind.

30 *Bei der Einrichtung eines Homeoffice-Arbeitsplatzes muss geprüft werden, ob die technische Ausstattung und die Internetgeschwindigkeit vor Ort für die Tätigkeiten ausreichen. Dabei sollte auch geklärt werden, ob der Arbeitgeber oder der Mitarbeiter für das technische Equipment verantwortlich ist. Auch die baulichen Gegebenheiten, zum Beispiel die Licht- und Lärmverhältnisse, sind bei der Gestaltung des Arbeitsplatzes zu beachten.*

2.3 Welche Möblierung ist sinnvoll und notwendig?

Nun geht es darum, passende Möbel für den Arbeitsbereich auszuwählen und diesen so einzurichten, dass Sie dort gut und entspannt arbeiten können. Wie im Büro in Ihrer Firma sollte es auch im Homeoffice verschiedene Arbeitszonen geben:

- **den Arbeitsbereich** – also in der Regel den Schreibtisch
- **den Informations- oder Nachschlagebereich** – Schrank, Regal, Sideboard, Rollcontainer o. Ä.

- **den Archivbereich** – für den Fall, dass eine Zwischenablage notwendig ist; kann auch ein Schrank im Keller sein

Arbeitsutensilien und Unterlagen

Oft benötigte Arbeitsutensilien wie Locher, Stifte, Klebeband etc. sollten in erreichbarer Nähe, also im Schreibtisch, liegen. Regelmäßig benötigte Papierunterlagen können in einem Rollcontainer unter oder neben dem Schreibtisch idealerweise in Hängemappen aufbewahrt werden. Unterlagen, die nicht täglich oder wöchentlich gebraucht werden, sind in einem Sideboard oder Schrank gut untergebracht.

Alte Unterlagen, die nicht mehr benötigt werden, aber aufgehoben werden müssen, gehören ins Archiv und sollten zentral in der Firma gelagert werden. Erstens kann dann jeder darauf zugreifen und zweitens nehmen sie so im privaten Bereich keinen Platz weg. Unterlagen sollten also nur temporär bei Ihnen zu Hause aufgehoben werden.

Worauf Sie verzichten können

Selbst wenn Sie Platz dafür haben, verzichten Sie besser auf einen großen Besprechungstisch oder einen riesigen Schreibtisch. Beides verführt nur dazu, darauf Papiere zu sammeln und Akten zu stapeln, und im Handumdrehen sieht Ihr Büro chaotisch aus und Sie produzieren unnötige Suchzeiten. Widerstehen Sie der Versuchung, alles auf dem Schreibtisch liegen zu lassen

– außer den Papieren, an denen Sie gerade arbeiten. Räumen Sie die Unterlagen beiseite, wenn Sie etwas anderes tun wollen. So vermeiden Sie zusätzliche Arbeiten, die entstehen, wenn Sie immer wieder etwas suchen oder neu sortieren müssen.

Faustregel: Dimensionieren Sie die Einrichtung entsprechend den wirklichen Anforderungen. Je praktischer und übersichtlicher, desto weniger Aufwand werden Sie haben.

Möglicherweise sind viele Unterlagen ohnehin elektronisch abgelegt. Aber auch hierfür gilt, wenn Sie nicht an ein Ablagesystem im Unternehmen angedockt sind: Weniger ist mehr. Horten Sie keine überflüssigen Dateien und Vorgänge. Legen Sie diese falls notwendig lieber auf dem Unternehmensserver ab oder nutzen Sie eine externe Festplatte. So sind die Daten gesichert und Sie behalten zugleich die Übersicht über Ihre wichtigen Dateien.

Ergonomie

Achten Sie bei der Einrichtung auch auf ergonomische Aspekte: Hat Ihr Schreibtisch die richtige Höhe? Ist der Laptop oder Bildschirm in der richtigen Entfernung und blendfrei aufgestellt? Besonders bei billigen Bürostühlen ist Vorsicht geboten: Sie erfüllen manchmal nicht die sicherheitstechnischen Vorgaben und können leicht kippen.

Ein Tipp für alle, die viel unterwegs sind
Wenn Sie verschiedene Akten (z. B. Verträge oder Protokolle) immer dabeihaben müssen oder zwischen Firmenbüro und Homeoffice hin- und herpendeln, sollten Sie sich einen Pilotenkoffer oder Trolley anschaffen, der auch Platz für den Laptop bietet und einen festen Platz im Büro bekommt. So müssen Sie nicht ständig umpacken, vergessen nichts und haben die Unterlagen bei Bedarf trotzdem schnell zur Hand.

Ein Arbeitnehmer, der im Homeoffice arbeitet, kann seinen Arbeitsplatz nach eigenen Bedürfnissen und Möglichkeiten gestalten, auch wenn der Arbeitgeber weiterhin zur Erfüllung gewisser Auflagen verpflichtet ist.

30

Im Idealfall steht ein separater, abgeschlossener Raum als Arbeitszimmer zur Verfügung. Arbeitsecken in Wohn- oder Schlafzimmern eignen sich dagegen nur als Übergangslösung. Eine Alternative sind externe Büroräume, eventuell in einer Bürogemeinschaft.

Bereits bei der Anschaffung der Büroausstattung sollten die ergonomischen Anforderungen beachtet werden. Außerdem ist es sinnvoll, die Einrichtung entsprechend den tatsächlichen Anforderungen zu dimensionieren. Je praktischer und übersichtlicher die Möblierung ist, desto weniger Aufwand entsteht im Arbeitsalltag.

30 MINUTEN

3. Arbeiten im privaten Umfeld

Ob Sie zu Hause arbeiten können, hängt natürlich weitestgehend von Ihrem Arbeitgeber und Ihrer Tätigkeit ab. Doch auch Ihre Familie sollte unbedingt in diesen Plan einbezogen werden. Denn wenn sie Ihre Entscheidung nicht mitträgt, weil es für alle auch eine Umstellung und möglicherweise Mehrarbeit bedeutet, werden Sie immer gegen Windmühlen kämpfen müssen und den Familienfrieden riskieren. Auf der einen Seite ergeben sich durch die Arbeit im Homeoffice zwar mehr Möglichkeiten, den Tagesablauf flexibel zu gestalten, auf der anderen Seite erfordert Homeoffice-Arbeit aber auch von allen Beteiligten mehr Disziplin. Nur durch klare Vereinbarungen können Sie zugleich produktives Arbeiten gewährleisten und allen Familienmitgliedern gerecht werden.

3.1 Welche Vereinbarungen müssen Sie treffen?

Ich wollte schon immer einen Hund haben, aber solange ich angestellt war und in einem Konzern arbeitete, war das nicht möglich, da dort keine Hunde erlaubt waren. Außerdem war das Risiko, den Hund bei einem eventuellen Arbeitgeberwechsel nicht mehr in meinen Tagesablauf integrieren zu können, zu groß. Die Entscheidung für einen Hund konnte erst getroffen werden, als ich mich selbstständig machte, sodass ich mir die Zeit meist frei einteilen konnte. Dadurch sind Gassirunden und eventuell notwendige Tierarztbesuche in der Regel problemlos möglich. Zudem kann ich auf die Unterstützung meines Mannes und meiner Tochter zählen, wenn ich mal keine Zeit habe. Sie wissen, dass dann Mehrarbeiten auf sie zukommen, und sind bereit, diese zu leisten.

Wie ungestörtes Arbeiten zu Hause gelingt

Ein Arbeitsplatz zu Hause bietet einerseits mehr Ruhe, verführt aber andererseits auch zu vermehrten Störungen, zum Beispiel durch Fragen der Kinder, Anrufe von Freunden, die wissen, dass Sie zu Hause sind. Manchmal wünscht man sich dabei vielleicht sogar die geregelte Arbeitszeit im Büro zurück, je nachdem, wann und wie oft man von zu Hause aus arbeitet. Deshalb ist es wichtig, verbindliche Regeln für alle Beteiligten aufzustellen – auch für sich selbst.

Klären Sie im Vorfeld ...

- wer die Kinder zur Schule oder in den Kindergarten bringt und von dort abholt. (Vielleicht kann das mit dem Weg des Partners ins Büro gekoppelt werden?)
- wer wann einkaufen geht. (Können die Einkäufe mit anderen Besorgungen verknüpft werden?)
- wer für die Zubereitung von Mahlzeiten zuständig ist. (Kann am Wochenende vorgekocht werden?)
- wer mit dem Hund Gassi geht. (Lässt sich das vielleicht mit Joggen oder Radfahren verbinden?)
- wer ggf. bei Engpässen einspringen kann. (Gibt es Eltern, Freunde oder Nachbarn, die mal Betreuungen oder Aufsichtsdienste übernehmen können?)
- ob der Partner sich im Notfall kurzfristig freinehmen oder einen Tag zu Hause arbeiten kann.

Die Multitasking-Falle

Unterschätzen Sie auch die Gefahr des „Multiworkings" nicht. Auch wenn andere meinen, dass Sie diverse Aufgaben gleichzeitig lösen oder bearbeiten können – das stimmt nicht! Studien belegen, dass Multitasking zulasten der Qualität geht, und zwar bei Männern und Frauen gleichermaßen. Wer telefoniert und gleichzeitig seine E-Mails checkt, riskiert, nur die Hälfte des Gesprächs mitzubekommen und wichtige E-Mails zu übersehen oder sogar versehentlich zu löschen. Auch im Privatleben begegnet uns das Phänomen des Multitaskings häufig, dazu ein Beispiel aus meinem Alltag:

Wenn ich mittags mit unserer Labrador-Hündin Kuba um den See gehe, begegnen mir oft Mütter mit einem

*Kind im Kinderwagen, einem weiteren, das nach Auf-
merksamkeit schreit, und einem Hund, der sich längst im
Gebüsch selbstständig gemacht hat und den Kaninchen
nachjagt. Währenddessen haben die Frauen das Handy
am Ohr haben und telefonieren mit einer Freundin.*

Solche Situationen wirken auf mich, als wollten die
Menschen ihre Lebenszeit unter allen Umständen ver-
längern, indem sie alles gleichzeitig machen. Dabei erreichen sie auf Dauer genau das Gegenteil. Denn ständige Überforderung, die bei einer derartigen Lebenswei-
se nicht ausbleibt, führt im schlimmsten Fall zu
massiven gesundheitlichen Problemen.

*Um zu Hause konzentriert arbeiten zu können,
sollte man klare Vereinbarungen mit Familienmitgliedern und Freunden treffen. Im Homeoffice ist
die Gefahr besonders groß, mehrere Dinge gleichzeitig erledigen zu wollen. Doch Multitasking geht
zulasten der Qualität und führt auf Dauer zu Stress
und Überforderung.*

3.2 Wie sichern Sie sich Ihre Freizeit?

Freizeit bedeutet arbeitsfreie Zeit. Ganz gleich ob
abends, am Wochenende, bei einem Kurztrip oder im
Jahresurlaub, die Freizeit ist dazu da, abzuschalten.
Doch im Homeoffice verwischen die Grenzen zwischen

Freizeit und Arbeitszeit oft. Man wartet zum Beispiel noch auf eine Antwort auf die letzte E-Mail und wirft deshalb nur mal schnell nach dem Abendessen noch einen Blick in den Posteingang. Oder es fällt einem beim Fernsehen etwas ein, also wird schnell der Laptop oder das Tablet herausgeholt.

Arbeit vs. Zeit mit der Familie

Falls Sie Single sind oder sich allein zu Hause aufhalten, haben Sie hier natürlich gewisse Freiheiten, doch wenn Sie sich mit Ihrer Frau, Ihrem Mann oder Ihrer Familie angeregt unterhalten oder ein Gesellschaftsspiel spielen, führt es unweigerlich zu Spannungen, wenn Sie nebenbei arbeiten. Hier gilt es, klare Grenzen zu ziehen und Zeitfenster und Bereiche zu definieren, in denen der Beruf außen vor bleibt. In der Firma würden Sie ja auch Ihre Arbeiten beenden und den Arbeitsplatz verlassen. Deshalb gilt auch für zu Hause, dass Sie nach der Arbeit das Firmenhandy ausschalten und den Laptop oder das Tablet im Homeoffice lassen sollten.

Arbeit vs. Urlaub

Ein Kunde erzählte mir, dass er lieber im Urlaub täglich kurz seine E-Mails abruft, um zu verhindern, dass er nach seinem Urlaub in einer regelrechten Informationsflut ertrinkt. Dadurch wäre die Erholung nach zwei Tagen bereits wieder dahin.

Das ist natürlich ein Problem, doch dem kann man auch auf andere Art entgegenwirken. Eine mögliche Lösung ist es, den Abwesenheitsassistenten auf den zweiten Tag nach dem Urlaub einzustellen, damit man Zeit hat, die aufgelaufenen E-Mails in Ruhe abzuarbeiten. Ebenso können Sie ihn bereits einen Tag vor dem Urlaub aktivieren, um sich stressfrei auf die freie Zeit vorzubereiten.

Immer erreichbar sein

Da die Arbeitsverdichtung zunimmt, verschwimmen die Sphären Arbeit und Freizeit immer mehr. Arbeit findet immer seltener zu festgelegten Zeiten an festgelegten Orten statt. Das ist zum Teil auch der Globalisierung geschuldet, weil bei der Zusammenarbeit mit internationalen Kollegen oder im Austausch mit Kunden im Ausland Zeitzonen überwunden werden müssen.

Das birgt auch die Gefahr der andauernden Verfügbarkeit. Da die meisten Menschen ihr Smartphone auf Dauerbetrieb gestellt haben, gibt es auch keine Abgrenzung zu beruflichen Nachrichten. Wenn der Chef am Sonntag eine Nachricht schickt, fällt es schwer, darauf nicht zu reagieren, denn zwei Minuten später kommt vielleicht die Nachricht einer Freundin, sodass auf alle Fälle beide Nachrichten gesehen werden. Weil wir Neuigkeiten lieben, können wir der Versuchung kaum widerstehen, auch gleich die Nachricht vom Chef zu lesen. „Ich muss sie ja nicht beantworten", denken wir uns dann, aber der Kopf beschäftigt sich unweigerlich damit.

Um nicht immer wieder in diese Falle zu tappen, empfiehlt sich ein Geschäftshandy, das wirklich ausgeschaltet werden kann, denn Dauerpräsenz bringt mehr

Nach- als Vorteile. Zum einen sinkt die Produktivität, wenn man sich ständig von hereinkommenden Nachrichten ablenken und bei Tätigkeiten unterbrechen lässt. Zum anderen kann das Einbrechen der Arbeit ins Privatleben zu familiären Problemen, wenn nicht gar zum Burn-out führen. Es ist also nicht nur wünschenswert, sondern schlicht und einfach notwendig, sich feste Arbeitszeiten vorzunehmen und diese einzuhalten.

Permanente Erreichbarkeit kann sich auch bei einer Krankheit nachteilig auswirken. Wenn Sie zum Beispiel eine fiebrige Erkältung haben, sollten Sie im Bett bleiben und nicht um jeden Preis am Schreibtisch sitzen. Sie sind dann nicht hundertprozentig leistungsfähig und sollten sich besser in Ruhe auskurieren. Anders ist es, wenn Sie sich das Bein gebrochen haben. Dann können Sie durchaus telefonieren und vielleicht am Laptop arbeiten. In jedem Fall müssen Sie natürlich Ihren Vorgesetzten – und vielleicht auch die Kollegen – informieren, wenn Ihre Verfügbarkeit eingeschränkt ist.

Wenn schon, dann richtig

Sie können natürlich auch für sich entscheiden, abends oder am Wochenende zu arbeiten. Dann aber bitte offiziell, genau wie Sie es in der Firma tun würden. Oder meinen Sie, nur weil ein Kollege, ein Kunde oder der Chef abends oder am Sonntag eine E-Mail schickt, erwartet er auch sofort Ihre Antwort? Hier ist es unbedingt notwendig, Klarheit zu schaffen. Erwarten die anderen wirklich, dass Sie zu diesen Zeiten verfügbar sind, oder glauben Sie das nur? Sprechen Sie das Thema an, damit Sie Gewissheit haben. Nur so können Sie angemessen reagieren, und zwar im Zweifelsfall damit, dass Sie Nein sagen.

Lassen Sie sich in Ihrer Freizeit nicht vereinnahmen. Grenzen Sie sich zu Hause ganz klar ab. Auch aus diesem Grund ist es wichtig, ein separates Arbeitszimmer zu haben. Wenn Sie die Tür hinter sich zumachen – und das Geschäftshandy im Büro lassen –, hat das die gleiche Wirkung, als wenn Sie aus der Firma gehen. Sie haben Freizeit.

Anrufbeantworter nutzen

Gerade weil wir meist rund um die Uhr mobil erreichbar sein können, ist die Einrichtung eines Anrufbeantworters sehr hilfreich. Das gilt sowohl für das Festnetz als auch für Ihre Mobiltelefone. Lassen Sie den Anrufbeantworter wenn möglich ständig aktiviert. Sie können dann situativ entscheiden, ob Sie einen Anruf annehmen oder später zurückrufen wollen. Je nachdem, ob der Anrufer eine Nachricht hinterlassen hat, wissen Sie vor dem Rückruf bereits, worum es geht. Vielleicht war der Anruf ja gar nicht wichtig. Wenn Sie in der Ansage Ihre E-Mail-Adresse nennen, kann der Anrufer Ihnen alternativ auch eine Mail schicken. Wie bereits erwähnt, haben Sie idealerweise ein separates Geschäftshandy, um private und geschäftliche Nachrichten zu trennen.

Auszeiten auch auf Geschäftsreisen

Auch wenn Sie viel unterwegs sind und abends noch im Hotel arbeiten, sollten Sie darauf achten, genügend Ruhepausen einzuplanen. Auch die Pausen zwischen zwei Kundenbesuchen im Auto sollten erholsam sein. Nehmen Sie sich mittags die Zeit für ein entspanntes Essen im Restaurant ohne Smartphone und Co. und schalten Sie diese Geräte abends spätestens um 20 Uhr aus.

Tipps für entspanntes Arbeiten und erholsame Freizeit

- Beenden Sie immer erst eine Aufgabe oder einen Arbeitsgang, bevor Sie sich einer neuen Arbeit widmen.
- Aktivieren Sie Ihren Anrufbeantworter, um ständige Störungen zu vermeiden. Teilen Sie darauf wenn möglich mit, ab wann Sie wieder erreichbar sind.
- Schaffen Sie sich ein Geschäftshandy für Ihre beruflichen Kontakte an, um Berufliches und Privates besser trennen zu können.
- Lassen Sie gar nicht erst den Eindruck entstehen, Sie seien permanent – auch abends und am Wochenende – verfügbar.
- Lassen Sie die Arbeit hinter sich, wenn Sie das Büro bzw. Arbeitszimmer verlassen.

Freizeit bedeutet arbeitsfreie Zeit. Doch gerade im Homeoffice verwischen oft die Grenzen zwischen Arbeit und Freizeit. Statt ständig verfügbar zu sein, sollte man daher für klar geregelte Arbeitszeiten sorgen.

3.3 Wie sollte Ihr Tagesablauf aussehen?

Wenn Sie morgens die Kinder für die Schule fertig machen müssen oder gemeinsam mit Ihrem Partner frühstücken wollen, sind Sie wahrscheinlich früh im Arbeitsmodus. Wenn Sie aber zu den Langschläfern gehören und dazu neigen, sich morgens lieber noch mal umzudrehen, obwohl Sie ab einer bestimmten Zeit erreichbar sein und arbeiten sollten, ist es vielleicht notwendig, an Ihrer Selbstdisziplin zu arbeiten. Es kann schon helfen, wenn Sie bewusst abends früher schlafen gehen.

Es kann aber auch sein, dass ein später Arbeitsbeginn mit Ihrer Tätigkeit vereinbar ist. In diesem Fall müssen Sie jedoch eventuell abends länger arbeiten. Wichtig ist, dass Sie letztendlich Ihr Arbeitspensum schaffen und für die Kunden und Kollegen – sofern notwendig – verfügbar sind.

Den Biorhythmus beachten

Wenn Sie feststellen, dass Sie zu Tagträumen oder Unkonzentriertheit neigen, überprüfen Sie doch mal Ihren Biorhythmus: Wann schweifen Sie am ehesten von einer Arbeit ab und wann können Sie sich am besten konzentrieren?

Die meisten Menschen sind am Vormittag und ab dem späteren Nachmittag am leistungsfähigsten. Also versuchen Sie, Ihre Arbeiten diesen Zeiten anzupassen. Wenn Ihre leistungsstärkste Zeit von 8 bis 11 Uhr ist, machen Sie währenddessen die Arbeit, die die größte Konzentration verlangt, zu Ihrem Kerngeschäft gehört oder Ihnen am unangenehmsten ist.

Da unsere Leistungsfähigkeit durch Bewegung wieder in Schwung gerät, ist es beispielsweise ratsam, nach dem Mittagessen mit dem Hund Gassi zu gehen, eine Runde mit den Kindern zu spielen oder den Rasen zu mähen. Sollten Sie dazu keine Zeit oder keine Möglichkeit haben, machen Sie doch einfach ein paar Dehn- und Atemübungen oder bauen kurze Gymnastik-Sequenzen ein. Das vertreibt ebenfalls das Mittagstief und bringt Sie schnell wieder in Schwung.

Für Bewegung sorgen

Die nachstehenden Übungen können Sie gut in Ihren Arbeitsalltag einbauen. Sie können sie nicht nur im Homeoffice, sondern sogar im Büro in der Firma machen und müssen dazu auch keine Gymnastikmatte ausrollen.

- **Schultern lockern:** Setzen Sie sich aufrecht hin. Während Sie einatmen, ziehen Sie beide Schultern bis zu den Ohren nach oben. Atmen Sie wieder aus und führen Sie dabei die Schultern wieder nach unten. Die Hände schieben Sie dabei Richtung Boden. Wiederholen Sie die Übung fünfmal.
- **Dehnen:** Setzen Sie sich gerade auf einen Stuhl. Neigen Sie den Kopf zur rechten Seite und schieben Sie die linke Hand Richtung Boden. Die Handfläche zeigt dabei nach unten. Dann die Seiten wechseln. Je Seite fünfmal wiederholen.

- **Strecken und Räkeln:** Greifen Sie mit der linken Hand ganz weit hoch – greifen Sie nach den Sternen! – und ziehen Sie dabei die Körperseite ganz lang. Wechseln Sie dann die Seite. Die Übung können Sie im Sitzen oder im Stehen machen. Auf jeder Seite drei- bis fünfmal wiederholen.
- **Durchblutung anregen:** Setzen Sie sich auf den vorderen Teil eines Stuhles und stellen Sie die Füße hüftbreit auf den Boden. Heben Sie im Wechsel Fersen und Fußspitzen an. 10- bis 15-mal wiederholen.

Nach diesen Übungen geht Ihnen die Schreibtischarbeit bestimmt wieder viel besser von der Hand oder es hat sich ganz von allein die Lösung für ein anstehendes Problem ergeben. Begrenzen Sie aber diese Auszeiten auf einen definierten Zeitraum, um nicht nur nach dem Lustprinzip zu handeln und dadurch mit geplanten Tätigkeiten in Verzug zu kommen.

Machen Sie Pausen!

Um längere Zeit konzentriert arbeiten zu können, benötigen wir öfter mal eine Pause, idealerweise fünf Minuten pro Stunde. In der Firma ergeben sich diese Pausen meist automatisch, zum Beispiel weil Sie etwas von A nach B bringen, zum Kopierer gehen o. Ä. Dabei sind Sie aber immer noch im „Arbeitsmodus". Dagegen können Arbeitsunterbrechungen in der häuslichen Umgebung leicht ausufern, weil man Gefahr läuft, sich mit anderen Dingen zu beschäftigen. Man will sich in der

Küche nur etwas zu trinken holen und macht dabei schnell den Abwasch. Oder man geht die Treppe hinunter und bemerkt, dass in der Ecke Spinnweben sind, die man schnell entfernen möchte. Die Arbeit in den eigenen vier Wänden erfordert also auch im Hinblick auf Pausen mehr Konsequenz und Disziplin.

Power-Napping

Um die Mittagszeit sinkt unsere Leistungskurve erfahrungsgemäß einfach ab, ganz egal ob wir etwas essen oder nicht. Eine gute Alternative zu einem Spaziergang an der frischen Luft ist daher eine kurze Schlafsequenz, die die Leistungsfähigkeit wiederherstellt. Das hilft Ihnen, fit zu bleiben oder zu werden und das „Suppenkoma" nach dem Mittagessen zu mildern. Dieses sogenannte Power-Napping ist in anderen Ländern weitverbreitet und wird dort – anders als in Deutschland – sogar gefördert. Studien von Schlafforschern haben ergeben, dass dadurch das Kurzzeitgedächtnis gestärkt und die Erinnerungsfunktion verbessert wird.

Allerdings sollten Sie maximal 30 Minuten schlafen, sonst kommen Sie danach schwer wieder in die Gänge. Legen Sie sich zum Power-Napping auch nicht gemütlich auf die Couch oder ins Bett, sondern bleiben Sie entspannt auf Ihrem Bürostuhl oder in einem Sessel sitzen und schließen Sie nur die Augen. Meist wird es nach einiger Zeit etwas unbequem und Sie wachen dadurch von selbst wieder auf und sind dennoch erholt. Mit ein bisschen Übung können Sie sich auf eine bestimmte Schlafzeit, beispielsweise 15 Minuten, programmieren. Nach dieser Zeitspanne wachen Sie automatisch auf. Sollte das nicht klappen, stellen Sie sich einen Wecker – im Zeitalter des Smartphones ist das ja kein Problem mehr. Holen Sie sich Ihre Mütze voll Schlaf aber nicht nach 14 Uhr, sonst erreichen Sie nicht mehr die gewünschte Wirkung, sondern fühlen sich danach erst recht erschöpft.

Wenn Sie viel mit dem Auto unterwegs sind, können diese paar Minuten Schlaf sogar Leben retten! Laut Statistik passieren die meisten Unfälle durch Sekundenschlaf in der Zeit zwischen 14 und 16 Uhr.

Sobald ich merke, dass ich beim Autofahren unkonzentriert werde oder Gefahr laufe, in den Sekundenschlaf zu verfallen, fahre ich auf einen Parkplatz oder eine Raststätte, klappe meinen Sitz nach hinten und „programmiere" mich auf meine Schlafzeit. Meistens genügen ca. zehn Minuten und ich bin wieder fit. Das heißt, ich nehme mir vor, zehn Minuten zu schlafen und dann von selbst aufzuwachen. Bei mir klappt das meist sehr gut und ich halte meine „programmierten" Zeiten ein. Wenn ich danach auch noch eine kurze Runde um mein Auto jogge, kann ich voll konzentriert weiterfahren.

Pünktlich Feierabend machen

Setzen Sie sich unbedingt eine Deadline, zu der Sie Ihre Arbeit beenden und „Ihr Büro schließen". Sprechen Sie diese Zeiten mit Ihrem Partner und/oder Ihren Kindern ab. Wenn Sie immer so lange arbeiten, bis Sie mit allem fertig sind, wird das Ihre Tage unkontrolliert in die Länge ziehen. Ohne ein klar definiertes Ende des Arbeitstages ist außerdem eine zeitliche Arbeitsplanung unmöglich.

Nicht nur der Arbeitgeber sollte mit Ihrer häuslichen Tätigkeit einverstanden sein, auch Ihre Familie sollte unbedingt in die Planung einbezogen werden, damit alle Familienmitglieder Ihre Entscheidung mittragen können.

Vereinbaren Sie zu Hause feste Regeln, damit Sie effizient arbeiten können und keine Spannungen aufkommen. Wenn Ihre Bürotür geschlossen ist, heißt das, dass Sie konzentriert arbeiten oder telefonieren und nicht gestört werden wollen – das sollten alle Familienmitglieder beachten.

Achten Sie auf Ihren Biorhythmus und teilen Sie sich Ihr Arbeitspensum entsprechend Ihrer leistungsstärksten Zeiten ein. Machen Sie kontrolliert Pausen – idealerweise fünf Minuten pro Stunde – und definieren Sie ein Arbeitsende.

Um das mittägliche „Suppenkoma" zu vermeiden und fit und leistungsfähig zu bleiben, bewegen Sie sich mittags kurze Zeit an der frischen Luft. Eine Alternative ist Power-Napping: Dadurch wird das Kurzzeitgedächtnis gestärkt und die Erinnerungsfunktion verbessert.

30 MINUTEN

4. Arbeitsabläufe und Zeiteinteilung

Je stärker Sie sich auf eine einzige Sache konzentrieren, bei der Sie dann auch bleiben, desto effizienter arbeiten Sie. Vermeiden Sie ablenkende Gedanken wie „Ich muss noch in der Schule anrufen" oder „Ich sollte schon längst die Kalkulation gemacht haben". Wenn das alles wirklich so wichtig ist, warum tun Sie es dann nicht? Es hat also offensichtlich noch Zeit. Dann planen Sie die Vorgänge ein und erledigen Sie sie zuverlässig in einer Stunde, am nächsten Tag oder nächste Woche. Je größer die Konzentration auf die momentane Aufgabe ist, umso geringer ist der Aufwand an Zeit und Energie und Sie machen außerdem weniger überflüssige Fehler.

4.1 Wer stört?

Störungen erschweren konzentriertes Arbeiten und verhindern schlimmstenfalls sogar, dass wir das Pensum schaffen, das wir uns eigentlich vorgenommen haben. Grundsätzlich lassen sich zwei Arten von Störungen unterscheiden:

- fremdverursachte Störungen
- eigenverursachte Störungen

Fremdverursachte Störungen

Kaum habe ich mich in mein Thema eingearbeitet, steht mein Hund Kuba erwartungsvoll vor mir. Ein Blick zur Uhr zeigt mir, dass es an der Zeit ist, Gassi zu gehen. Dabei bin ich gerade so schön im Thema drin ... Aber es hilft nichts, Kuba fordert ihr Recht und stupst mich immer wieder mit der Schnauze an. Bis ich aufgebe, mich anziehe und eine Runde mit ihr spazieren gehe.

Beim Spaziergang frage ich mich, warum ich nicht Nein gesagt und erst die Aufgabe abgeschlossen habe. Dann hätte ich mit dem Hund Gassi gehen können, ohne ein schlechtes Gewissen zu haben. Jetzt bin ich zwar unterwegs, aber mit meinen Gedanken immer noch bei meinem Thema, statt im Hier und Jetzt. So kann ich den Spaziergang nicht wirklich genießen.

Fremdverursachte Arbeitsunterbrechungen können durchaus eine willkommene Abwechslung sein, wenn man gerade an einem wenig spannenden Thema arbeitet oder sich vor einer unangenehmen Aufgabe drücken will. Wenn man allerdings konzentriert arbeiten möchte, sind Störungen fehl am Platz, egal ob durch den Hund, die Kinder oder den Partner. Hier helfen meist die schon erwähnten klaren Absprachen und Regeln. Manchmal sind es auch kleine Dinge, die ungestörtes, konzentriertes Arbeiten möglich machen:

Das Telefon klingelt und anders als in der Firma, wo Sie auf die Zentrale oder Kollegen umstellen könnten, haben Sie nur zwei Möglichkeiten: abnehmen oder es klingeln lassen. Immerhin haben Sie den Anrufbeantworter eingeschaltet. Da er immer aktiv ist, können Sie erst mal abwarten, ob es ein wichtiger Anruf ist, und sich dann ggf. noch einschalten. Manchmal legt ein Anrufer aber auch gleich auf, sobald sich der AB meldet, und hinterlässt keine Nachricht. Dann war es offensichtlich auch nicht wichtig – weder für ihn noch für Sie.

Statt jeden Anruf sofort anzunehmen, können Sie einen Anrufbeantworter nutzen, denn nicht jedes eingehende Telefonat erfordert die sofortige Unterbrechung einer Tätigkeit, vor allem wenn man die Nummer des Anrufers nicht kennt oder diese unterdrückt ist. Ein Risiko ist auch das Smartphone. Sobald es klingelt, brummt oder piept, will man sofort reagieren oder meint, reagieren zu müssen. Eine Gegenmaßnahme ist das Stummschalten des Gerätes.

Eigenverursachte Störungen

Ich bin gerade mit der Themensammlung für dieses Buch beschäftigt. Da poppt der E-Mail-Posteingang auf: vier neue Nachrichten. Die Neugier bringt mich fast um und ich öffne – nur mal schnell – eine Mail, deren Absender ich kenne. Von ihm erwarte ich eine Antwort, allerdings keinesfalls dringend. Und schon bin ich aus meinen Gedanken über das Buch herausgerissen. Ich habe Mühe, mich wieder auf den Inhalt zu konzentrieren. Deshalb will ich mir rasch eine Tasse Tee holen. Auf dem Weg in die Küche fällt mit ein, dass ich vorhin ja noch den Tisch im Wohnzimmer abwischen wollte. Und eigentlich könnte ich dann gleich die Wäsche in den Trockner schichten ... Spätestens da ist mein Plan für diesen Tag hinfällig. Und das nur wegen eigenverursachter Störungen.

Sicher haben Sie auch schon vergleichbare Situationen erlebt: Es ist ja nicht so, dass man an einem solchen Tag gar nichts tut – man macht aber nicht das, was man sich vorgenommen hat.

Konsequent längere Zeit an einer Aufgabe zu arbeiten, kann ganz schön herausfordernd sein. Obwohl ich schon lange selbstständig bin, muss ich mich hin und wieder noch disziplinieren, um nicht vom Hölzchen aufs Stöckchen zu kommen, vor allem wenn ich über etwas nachdenke und meine Blicke durch den Raum schweifen lasse. Dann fällt mir beispielsweise ein, dass ich noch die Blumen gießen oder den Eingangsbereich fegen wollte. Die Wäsche könnte ich auch schnell bügeln, und dass mein Hund mich zum Spielen auffordert, kommt mir gerade recht ... Auf diese Weise kann die Tagesplanung ganz schön durcheinandergeraten. Um das zu vermeiden, hilft es, bewusst Pausen zu machen und Tätigkeiten gezielt einzuplanen – während der eigentlichen Arbeitszeit können Sie dann konzentriert arbeiten.

Wer sich ständig ablenken lässt und auf alle äußeren Reize sofort reagiert, bekommt über kurz oder lang ein Zeitproblem. Wenn Sie arbeiten, konzentrieren Sie sich auf Ihre Tätigkeit oder machen Sie gezielt eine Pause, um andere Dinge zu erledigen. Wenn Sie einen Anrufbeantworter haben, schalten Sie ihn auch ein, denn niemand erwartet, dass Sie ununterbrochen zur Verfügung stehen.

4.2 Wie hoch ist Ihre Zeitkompetenz?

Üben Sie sich in Gelassenheit. Die meisten Aufgaben, die wir im Arbeitsalltag bekommen, sollen sofort erledigt werden. Jedenfalls glauben wir das oft. Im Homeoffice entscheiden jedoch Sie, wann Sie eine Arbeit beginnen. Natürlich erhalten Sie auch hier manchmal Aufträge, beispielsweise per Telefon oder E-Mail, von Ihrem Chef, von Kollegen oder von Kunden. Gönnen Sie sich dann eine kurze Zeit zum Nachdenken, bevor Sie Termine zusagen oder sich blindlings in Aktivitäten stürzen, von denen sich vielleicht später herausstellt, dass sie verfrüht oder nicht ausreichend durchdacht waren. Sonst müssen Sie am Ende Arbeiten doppelt erledigen oder haben zusätzlichen Aufwand. Das gilt übrigens nicht nur für die Arbeit zu Hause, sondern ist auch im Firmenbüro empfehlenswert. Wenn Sie immer sofort „springen", wenn jemand etwas will, werden Sie leicht zum „Erträglichmacher" für andere und im schlimmsten Fall ausgenutzt.

Dinge sofort zu erledigen, wenn sie einem einfallen, auf Anfragen umgehend zu reagieren oder E-Mails sofort zu beantworten, wenn sie reinkommen, kann durchaus eine gute Angewohnheit sein. Es verhindert, dass To-dos vergessen werden oder der Aufschieberitis zum Opfer fallen. Allerdings hat es auch seine Tücken. Wenn Sie sich jedes Mal ablenken und aus Ihrer momentanen Tätigkeit herausreißen lassen, müssen Sie immer wieder Zeit investieren, um sich einzuarbeiten. Besonders in der häuslichen Umgebung ist die Gefahr groß, „schnell mal" etwas anderes zu machen.

Leiden Sie unter Aufschieberitis?

Das Gegenteil zum sofortigen Erledigen aller anstehenden Tätigkeiten – also das Aufschieben von Aufgaben – kann ebenso problematisch sein. Anders als an Ihrem Arbeitsplatz im Unternehmen kontrolliert im Homeoffice niemand unmittelbar Ihre Arbeit.

Idealerweise erhalten Sie eine Deadline für Ihre Aufgaben oder Sie setzen sich selbst eine. Denn man neigt oft dazu, unangenehme Aufgaben vor sich herzuschieben. Diese Gefahr ist erfahrungsgemäß zu Hause größer als im Büro, denn hier sind Sie Ihr eigener Herr und entscheiden selbst, wann Sie was tun.

Gründe, Aufgaben aufzuschieben, gibt es viele:

- Wir können oder wollen keine Entscheidung treffen.
- Uns fehlen Informationen.
- Die Person, die uns helfen könnte, ist nicht erreichbar.
- Wir haben einfach keine Lust, diese Aufgabe zu erledigen.

Es gilt also, im Einzelfall zu hinterfragen, warum man eine Aufgabe nicht angeht. Sind es gute Gründe? Kann man sich dann beispielsweise fehlende Informationen gezielt beschaffen? Oder handelt es sich schlicht um eine unliebsame Aufgabe? Dann heißt es, konsequent den inneren Schweinehund an die Leine zu legen und sich zu disziplinieren. Wer das gute Gefühl kennengelernt hat, eine unangenehme Aufgabe vom Tisch zu haben, wird sich sicherlich öfter dazu durchringen.

Verzetteln Sie sich nicht!

Wenn Sie morgens als Erstes Ihre E-Mails checken, obwohl Sie dringend ein Angebot erstellen müssen, laufen Sie leicht Gefahr, sich zu verzetteln – vielleicht weil ein Freund nur eine kurze Frage hat, die Mail eines Kollegen sehr interessant klingt oder Sie „nur schnell mal" die eingegangene Liste kontrollieren wollen. Ruck, zuck sind zwei Stunden vorbei, ohne dass Sie die geplante Aufgabe erledigt haben.

Nehmen Sie sich deshalb vor, morgens als Erstes ein Thema Ihrer Kernkompetenz zu erledigen, das Sie für diesen Tag eingeplant haben – und zwar bevor Sie zum ersten Mal in den Posteingang sehen. Es sei denn natürlich, Sie brauchen für diese wichtige Aufgabe noch Informationen, die Sie per E-Mail erwarten. Dann kümmern Sie sich aber ausschließlich um diese Mails.

Generell ist die Ablenkungsgefahr im Unternehmen geringer. Zu Hause warten jede Menge Aufgaben und Sie brauchen nur kurz vom Schreibtisch wegzugehen, um eine davon sofort zu erledigen. Deshalb ist es notwendig, die Art der Tätigkeit zu analysieren: Wichtig oder dringend? Ist sie dringend oder können Sie sie für einen späteren Zeitpunkt einplanen? Die meisten wichtigen Aufgaben sind nämlich nicht dringend. Sie müssen nicht sofort erledigt werden.

Aufgaben planen

Vor allem wenn Sie nur tageweise von zu Hause arbeiten, ist es wichtig, dass Sie Ihre Zeit richtig einteilen, damit Sie möglichst alles schaffen, was Sie sich vornehmen, oder Rückmeldung geben können, falls sich Engpässe ergeben. Nehmen Sie sich täglich vor Arbeitsende ein paar Minuten Zeit, um die Planung für den nächsten Tag zu machen. Das gilt übrigens sowohl im Homeoffice als auch im Firmenbüro. Machen Sie diese Planung vor allem schriftlich.

Wenn Sie Ihre Aufgaben notieren (idealerweise in einer entsprechenden Software oder in Ihrem elektronischen Kalender – aber ein Notizzettel tut es auch), schreiben Sie immer dazu, wie lange Sie voraussichtlich für die jeweilige Arbeit brauchen werden (1,5 Std., 20 Min., 2 Std. etc.). Dann rechnen Sie die Zeiten zusammen.

„Kleinkram", also Aufgaben von ca. fünf Minuten Dauer, können Sie bündeln und sich zum Beispiel eine halbe Stunde dafür vornehmen. So müssen Sie nicht jedes Telefonat oder jede Ablagetätigkeit einzeln auflisten.

Berücksichtigen Sie dabei, dass Sie in der Regel nur 60 Prozent Ihrer Arbeitszeit verplanen können. Die restlichen 40 Prozent werden vermutlich durch andere verplant. Durch Anrufe, E-Mails, Fragen der Kinder oder sonstige unvorhersehbare Aufgaben.

Prioritäten setzen

Für die 60 Prozent Ihres Tages, die Sie vorab planen, können Sie nun Prioritäten setzen:

- Was müssen Sie unbedingt am nächsten Tag erledigen (Kerngeschäft)?
- Was können Sie für einen späteren Zeitpunkt einplanen (ggf. als Aufgabe definieren oder in den Kalender eintragen)?
- Was können Sie eventuell delegieren?
- Was werden Sie nicht schaffen und müssen es daher weglassen (Rückmeldung geben)?

Übung: Zeiteinschätzung
Wenn Sie üben wollen, die Zeit richtig einzuschätzen, schließen Sie die Augen und stellen Sie eine Uhr vor sich hin (Sie können auch Ihre Armbanduhr nutzen). Nach einer gefühlten Minute (nicht die Sekunden zählen!) öffnen Sie die Augen. Wie genau war Ihre Schätzung?

Sie können sich auch einer Aufgabe widmen – zum Beispiel Ihr E-Mail-Postfach checken (die eingegangenen Mails nur durchscannen, nicht beantworten) – und einen Wecker auf fünf Minuten stellen. So finden Sie heraus, wie viel Sie in dieser Zeit schaffen.

Wenn Sie an einer neuen Aufgabe arbeiten und den Zeitbedarf noch nicht kennen, reservieren Sie sich einfach ein Zeitfenster, um anzufangen, zum Beispiel 30 Minuten. Nach dieser Zeit haben Sie sicher eine klarere Vorstellung von dem notwendigen Zeitaufwand.

Arbeitsplanung: wichtig oder dringend?

Zu den klassischen Zeitmanagement-Tools gehört die sogenannte Eisenhower-Matrix, die auf den gleichnamigen US-Präsidenten zurückgeführt wird. Diese Matrix besteht aus vier Feldern, die vier unterschiedlichen Aufgabentypen entsprechen. Sie ermöglicht die Unterscheidung zwischen „wichtig" und „dringend". Die waagerechte Achse steht für die Dringlichkeit der Aufgabe, die senkrechte für die Wichtigkeit.

	Dringend	Nicht dringend
Wichtig	**A) Wichtig und dringend** **selbst erledigen**	**B) Wichtig, aber nicht dringend** **terminieren**
Nicht wichtig	**C) Dringend, aber nicht wichtig** **delegieren**	**D) Nicht wichtig und nicht dringend** **Papierkorb**

A) Wichtig und dringend

Aufgaben, die wichtig und dringend sind, betreffen in der Regel Ihr Kerngeschäft, also die Tätigkeiten, die mit Ihren Zielen und Hauptaufgaben verknüpft sind. Deshalb hat die Bearbeitung dieser Aufgaben auch unbedingte Priorität und muss von Ihnen selbst erledigt werden.

Falls in diesem Feld zu viele Aufgaben sind, mehrere Aufgaben vermeintlich die gleiche Priorität haben und Sie den Überblick darüber verlieren, beißen Sie sich nicht an Kleinigkeiten fest, sondern machen Sie eine kleine Pause, gehen Sie einige Minuten vor die Tür oder holen Sie sich einen Kaffee. Überlegen Sie, was wirklich zählt. Meist ist es danach ganz leicht, die richtigen Prioritäten zu setzen und konzentriert weiterzuarbeiten.

B) Wichtig, aber nicht dringend

Haben Sie auch schon bemerkt, dass wichtige Dinge selten dringend sind? Sie müssen erledigt werden, haben aber noch Zeit und können daher für einen späteren Zeitpunkt eingeplant werden.

Wenn in sechs Monaten eine Projektpräsentation ansteht, müssen Sie nicht sofort in Hektik verfallen, denn obwohl die Vorbereitungen wichtig sind, haben Sie noch ausreichend Zeit, diese einzuplanen. Die Aufgabe ist also nicht dringend.

Niemals ohne Termin!
Setzen Sie sich grundsätzlich Termine zur Erledigung von Aufgaben, wenn diese noch Zeit haben oder Sie sich ihnen nicht sofort widmen können. Falls Sie Aufgaben an andere vergeben, dient dies der Klarheit und schafft Verbindlichkeit.
Wenn Sie Aufgaben ohne Termin zugewiesen bekommen, hinterfragen Sie den Abgabetermin, damit Sie Ihre Zeitplanung machen können. Nur so können Sie gegebenenfalls Rückmeldung geben, falls Sie den gewünschten Termin nicht halten können.

C) Dringend, aber nicht wichtig

Wenn ein Kollege eine Geschäftsreise antreten will und in letzter Minute ein Hotel oder einen Flug braucht und Sie um Hilfe bittet, ist es selbstverständlich dringend. Für Sie ist es allerdings nicht wichtig. Die Lösung könnte sein, die Buchungen der Sekretärin oder einem Reisebüro zu übertragen, bevor Sie deswegen Überstunden machen und für Sie wichtige Arbeiten liegen lassen müssen. Grundsätzlich sollten Sie bei allen Aufgaben hinterfragen, bis wann der Auftraggeber das Ergebnis wirklich braucht. Befreien Sie sich von der Tyrannei der Dringlichkeit! Was für den einen die höchste Priorität hat, ist für Sie vielleicht überhaupt nicht wichtig. Dann sollten Sie es delegieren.

D) Nicht wichtig und nicht dringend

Bei der immensen Informationsflut, die wir täglich bewältigen müssen, ist es unerlässlich, auch mal Mut zur

Lücke zu zeigen. Für Aufgaben, die weder dringend noch wichtig sind, gilt daher: ab in den Papierkorb bzw. löschen!

Bei der Papierpost erkennen wir meist sofort, ob es sich um ein wichtiges Thema handelt oder um Werbung, die in die „runde Ablage" kann. Seien Sie auch kritisch, wenn Sie die E-Mails in Ihrem Posteingang durchsehen. E-Mails ohne Betreff sollten Sie sofort löschen. Keinen Betreff zu nennen ist nicht nur schlechter Stil, sondern oft handelt es sich dabei nur um Spam-Mails. E-Mails, deren Absender Sie nicht kennen, müssen Sie nicht sofort lesen, es sei denn, aus dem Betreff geht das Thema unzweifelhaft hervor.

Ähnliches gilt für den Umgang mit Anliegen von Kollegen und Freunden nach dem Motto „Wir sollten uns mal um ... kümmern". Wenn die Angelegenheit irgendeine Relevanz hat, planen Sie sie ein und setzen einen Termin zur Bearbeitung. Ansonsten machen Sie klar, dass das Thema für Sie keine Wichtigkeit hat und Sie sich nicht darum kümmern möchten.

Um den Zeitbedarf für Ihr Arbeitspensum richtig einzuschätzen, bedarf es einiger Übung. Machen Sie Ihre Planung am besten schriftlich am Ende des Arbeitstages. Setzen Sie bewusst Prioritäten, sagen Sie ggf. auch mal Nein und geben Sie Rückmeldungen, wenn absehbar ist, dass Sie Termine nicht halten können. Berücksichtigen Sie bei Ihrer Planung, dass Sie in der Regel nur 60 Prozent Ih-

rer Arbeitszeit verplanen können. Die restlichen 40 Prozent werden vermutlich durch andere bzw. durch unvorhergesehenes Tagesgeschäft verplant.

4.3 Können Sie Nein sagen?

Manchmal ist es einfach notwendig, Aufgaben abzulehnen, beispielsweise wenn sie nicht in Ihren Zuständigkeitsbereich fallen und Sie ohnehin schon viel zu tun haben.

Wenn Sie unter Zeitdruck stehen, können Sie auch den erwarteten Fertigstellungstermin hinterfragen: „Ja, mache ich gern. Reicht es auch bis zum …?" Denn ein Nein bedeutet keine Arbeitsverweigerung, sondern hilft Ihnen bei der Priorisierung Ihrer Aufgaben.

Neinsagen bei beruflichen Anfragen

Wenn Sie einen Anruf von Ihrem Chef, einem Kollegen oder einem Kunden erhalten, kann der Anrufer ja nicht wissen, was Sie gerade tun, geschweige denn, wie viele Aufgaben Sie zu erledigen haben. Viele Menschen formulieren daher ihre Anliegen immer so, als seien sie absolut dringlich. Sie wollen damit sicherstellen, dass sie umgehend bearbeitet werden, oder sie einfach nur „vom Tisch" haben.

Oftmals ist die Angelegenheit aber nicht dringend, sondern „nur" wichtig. Daher ist es ausgesprochen fatal, zu glauben, dass Sie jedes Mal sofort reagieren müssen, wenn jemand etwas von Ihnen will. Sie kommen dadurch in unnötigen Stress. Wie leicht sich das verhindern lässt, zeigt das folgende Beispiel:

Für einen meiner früheren Chefs sollte ich eine Statistik erstellen, die er bis Freitag um 14 Uhr haben wollte. Da in unserer Firma bereits ab 13 Uhr das Wochenende begann, passte mir diese Deadline überhaupt nicht, denn ich wollte pünktlich Feierabend machen, um zu meinem Bruder zu fahren, der nachmittags zu einer Grillparty eingeladen hatte. Allerdings hätte es mir nichts ausgemacht, die Unterlagen am Samstag fertigzustellen. Also fragte ich nach, ob der Termin wirklich bindend sei.

Die Erklärung war: Mein Chef hatte am Montagvormittag einen Kundentermin, zu dem er sehr früh aufbrechen musste, und wollte daher die Unterlagen bereits am Freitag mitnehmen. Ich hätte allerdings eine andere Aufgabe liegen lassen und länger arbeiten müssen, um die Statistik fertig zu bekommen. Mein Vorschlag war daher: „Ich mache die Arbeit am Samstag und bringe sie Ihnen am Nachmittag vorbei." Damit war uns beiden geholfen.

Hätte ich nicht nach dem endgültigen Termin gefragt, wäre ich ganz schön in Stress geraten, und das völlig ohne Not.

Neinsagen privat

Viel schwieriger ist es dagegen, wenn die Familienmitglieder mit Wünschen an Sie herantreten. Denn dabei handelt es sich ja meist nur um eine „kurze Frage". Es spielt dabei auch keine Rolle, ob die Tochter eine Unterschrift für die Klassenfahrt braucht, der Sohn zu seinem Kumpel gefahren werden möchte oder Ihr Partner seine Tasche sucht.

Üben Sie auch in diesen Situationen das Neinsagen. Wenn Ihr Kind früher aus der Schule kommt, in Ihr Arbeitszimmer stürmt und Ihnen ganz schnell von seinen neuesten Erlebnissen erzählen will, seien Sie konsequent und verschieben die Unterhaltung auf einen späteren Zeitpunkt, an dem Sie sich Ihrem Kind in Ruhe widmen können:

„Ich höre dir sehr gern zu, aber ich muss diese Arbeit erst fertig machen. In einer halben Stunde habe ich Zeit für dich."

Auch für Kinder ist es wichtig, dass sie wissen, wann ihre Eltern im Homeoffice gestört werden dürfen und wann nicht.

„Nur mal schnell …"

Vielleicht ruft auch der Chef oder ein Kollege aus der Firma an und möchte „nur schnell mal wissen …". Wenn Sie gerade bei Tätigkeiten sind, die Sie kurz unterbrechen können, steht einer sofortigen Beantwortung der Frage sicher nichts im Wege. Wenn Sie aber mitten in einer komplexen Bearbeitung stecken, ist Neinsagen auch hier manchmal notwendig, damit Sie sich zu einem späteren Zeitpunkt voll auf das Anliegen des anderen konzentrieren können und nicht zwischen Tür und Angel nur mit halbem Ohr zuhören. Dadurch werden Fehler und Stress vermieden. Das Angebot lautet dann:

„Ja gern, aber momentan habe ich keine Zeit. Können Sie in einer halben Stunde noch mal anrufen?" Oder Sie bieten einen Rückruf an.

Zeitmanagement im Homeoffice ist eine Herausforderung. Hier lauern mehr Störungen und Ablenkungen als im Büro in der Firma, sowohl fremd- als auch eigenverursachte, da in der häuslichen Umgebung jede Menge zusätzlicher Tätigkeiten möglich sind, die von der eigentlichen Arbeit abhalten.

Eine durchdachte Aufgabenplanung ist daher notwendig. Dabei gilt es, den Zeitaufwand für einzelne Aufgaben möglichst genau einzuschätzen, ausreichend Pufferzeiten einzuplanen und Aufgaben bewusst zu priorisieren. Ein nützliches Tool ist dabei die Eisenhower-Matrix, bei der zwischen dringenden und wichtigen Aufgaben unterschieden wird.

In vielen Fällen ist es auch nötig, Nein zu sagen. Das ist nicht mit Arbeitsverweigerung gleichzusetzen. Oft hilft es bereits, vermeintlich feste Termine zu hinterfragen, um nicht unnötig in Stress zu geraten. Auch bei privaten Anfragen kann ein konsequentes Nein angebracht sein, um ungestört arbeiten zu können.

30 MINUTEN

5. Steuerliche und rechtliche Aspekte und die Sicht der Unternehmen

Ein Arbeitnehmer, der täglich eine Stunde zu seinem Arbeitsplatz fährt, verbringt im Jahr 440 Stunden auf dem Weg zur Arbeit. Das entspricht 55 Arbeitstagen à acht Stunden! Diese Zeit könnte er im Homeoffice wesentlich effektiver nutzen, statt Frust im täglichen Verkehrschaos aufzubauen. So betrachtet, ist es auch aus Unternehmenssicht sinnvoll, die Möglichkeit des Homeoffice anzubieten. So entsteht eine Win-win-Situation für alle Beteiligten. Vorab gilt es jedoch, auch die steuerlichen und rechtlichen Rahmenbedingungen zu beachten. Wenn Sie planen, im Homeoffice zu arbeiten, sollten Sie sich darüber zumindest in Grundzügen informieren.

5.1 Kontrolle ist gut – Vertrauen ist besser?

Zu Beginn meiner Selbstständigkeit kam ich zu einem kleineren mittelständischen Kunden, bei dem an unterschiedlichen Tagen immer wieder einige Schreibtische unbesetzt waren. Auf meine Frage, wo denn die Mitarbeiter seien, sagte er mir, dass diese heute zu Hause arbeiteten. Damit käme er den Bedürfnissen seiner Mitarbeiter entgegen und für seine Firma zahle sich deren Zufriedenheit ebenfalls aus. Ich fand diese Regelung in der damaligen Zeit sehr fortschrittlich. Die Mitarbeiter durften frei entscheiden, an welchen Tagen sie zu Hause arbeiten wollten.

Die meisten machten am Freitag von dieser Möglichkeit Gebrauch, denn da wurde ohnehin nur bis 13 Uhr gearbeitet. Besonders diejenigen, die einen weiten Anfahrtsweg hatten, genossen es, im Homeoffice zu arbeiten, da die Fahrzeiten wegfielen. Freitags war das besonders relevant, denn der Verkehr ist am Freitag in der Regel stärker und oftmals mussten lange Staus in Kauf genommen werden. Durch die Möglichkeit, freitags von zu Hause aus zu arbeiten, waren die Arbeitnehmer zufriedener und konnten ihre Arbeitszeiten voll ausnutzen. Andere wollten dagegen lieber am Montag zu Hause bleiben. Durch die flexible Arbeitseinteilung brauchten sie sich nicht in die Montagmorgen-Staus einzureihen und konnten so ebenfalls Zeit gewinnen.

Den Mitarbeitern, die kleinere Kinder hatten, war es so auch möglich, diese zu betreuen, wenn sie krank waren, ohne dafür Urlaub nehmen zu müssen. Und eine Mitarbeiterin erzählte mir, dass sie sich nun endlich einen Hund anschaffen konnte, da sie nun drei Tage in der Woche zu Hause arbeitete. Ein junger Mann wiederum gönnte sich zweimal pro Woche morgens den Besuch in einem Fitness-Studio. Dafür arbeitete er abends eben etwas länger.

Diese flexiblen Arbeitsmöglichkeiten trugen nicht nur zu größerer Zufriedenheit bei der Belegschaft bei, sondern auch zu deren Gesundheit und Produktivität, weil die Mitarbeiter weniger Stress und mehr Bewegung hatten.

Für die meisten war das eine Idealsituation. Die einzige Bedingung des Arbeitgebers war: Die Aufgaben mussten termingerecht erledigt werden. Es galt das Prinzip der zeitgerechten Zielerreichung und nicht der Anwesenheit.

Homeoffice ist auf dem Vormarsch

Jedes dritte Unternehmen in Deutschland setzt auf Homeoffice. Bei den meisten ist das eine recht neue Entwicklung. Das geht aus der bereits erwähnten Befragung des ifo Instituts und des Personaldienstleisters Randstad hervor. Demnach haben 62 Prozent der Firmen, die auf Homeoffice setzen, ihr Angebot in den vergangenen Jahren deutlich ausgebaut. Das betrifft vor allem große Unternehmen. Konzepte wie Homeoffice lassen sich dort meist leichter durchsetzen als in kleineren Betrieben.

Immer noch haben viele Arbeitgeber die Befürchtung, die Kontrolle über die Belegschaft zu verlieren, wenn die Mitarbeiter nicht vor Ort sind. Aber klare Zielvorgaben und regelmäßige Fortschrittskontrollen erlauben größtmögliche Transparenz für beide Seiten. Regeln sind dabei unabdingbar.

Vertrauensarbeitszeit

Idealerweise werden die Regeln für die Arbeit im Homeoffice zwischen Arbeitgeber und Arbeitnehmer einvernehmlich festgelegt, zum Beispiel durch das Vereinbaren einer Vertrauensarbeitszeit. Das bedeutet: Die Mitarbeiter müssen die vereinbarte Arbeitszeit erbringen, es erfolgt aber keine Kontrolle ihrer Zeiteinteilung.

Direkte Kontrolle der Mitarbeiter durch die Führungskräfte ist bei Telearbeit nicht mehr möglich. Es ist also Vertrauen auf beiden Seiten erforderlich, wobei die Vorgabe lauten sollte: Priorität hat das zeitgerechte Erledigen der anfallenden Aufgaben mit zufriedenstellendem Ergebnis. Wenn ein Mitarbeiter, weil er sich beim ungestörten Arbeiten zu Hause besser konzentrieren kann, mit seinem Pensum schneller fertig wird, hat der Vorgesetzte in der Regel nichts dagegen einzuwenden, wenn der Feierabend eine Stunde früher beginnt. Zielsetzung statt Zeitmessung sollte die Prämisse sein.

Checkliste: Ergebnisorientiertes Arbeiten Zielvereinbarungen:
- ✓ Klare Zielformulierung – ergebnisorientiert
- ✓ Erforderliche Maßnahmen
- ✓ Termin der Zielerreichung (Ziel wird dadurch messbar)

Fortschrittskontrolle:
- ✓ Zusammenarbeit mit anderen Abteilungen
- ✓ Zeitliche Erreichbarkeit
- ✓ Art der Dokumentation
- ✓ Zwischenschritte
- ✓ Eventuell Nachbesserung der Ziele und/oder Maßnahmen

Erreichbarkeit und Kommunikation

Um die Erreichbarkeit für Kunden, den Chef und die Kollegen im Stammhaus zu gewährleisten, hat es sich bewährt, geregelte Zeiten festzulegen, zu denen der Mitarbeiter im Homeoffice erreichbar ist. Diese können sich von den üblichen Arbeitszeiten im Büro unterscheiden. Wichtig ist nur, dass sie für alle passen und kommuniziert werden.

Unter Umständen ist es sinnvoll, für einzelne Projekte klare Vereinbarungen mit dem Vorgesetzten und/oder den Kollegen zu treffen. Dies gilt zum Beispiel auch für die Durchführung von Telefon- oder Videokonferenzen. Meetings können in vielen Unternehmen ein enormer Zeitfresser sein. Zu Hause bleiben Mitarbeiter davon wahrscheinlich weitestgehend verschont. Allerdings entgehen ihnen dadurch vielleicht auch einige Informationen, die sehr hilfreich sein könnten. Daher sollten alle Beteiligten darauf achten, diese Informationslücke gar nicht erst aufkommen zu lassen.

Gemeinsam mit Vorgesetzten und Kollegen sollte besprochen werden, an welchen Tagen Besprechungen stattfinden müssen, welchen Zeitrahmen diese haben und an welchen der Homeoffice-Mitarbeiter auf jeden Fall teilnehmen sollte. Es sollte auch nicht vergessen werden, den Mitarbeiter auf den Verteiler zu setzen, damit er die Zeiten für die Besprechung einplanen kann.

Manchmal ist es möglich, dass Mitarbeiter über Video oder per Telefon an einer Besprechung teilnehmen. In anderen Fällen genügt es, ihnen hinterher das Protokoll zu schicken, damit sie auf dem aktuellen Kenntnisstand sind.

Die Technik macht es möglich

Das Arbeiten von zu Hause aus stellt heute keine besondere Herausforderung mehr dar, denn in den vergangenen Jahren sind die technischen Möglichkeiten immer weiter fortgeschritten. Mit einem Internetanschluss, einem Computer oder Laptop und der entsprechenden Software ist der schnelle weltweite Austausch von Informationen einfach und mit Minimalaufwand durchführbar. Video- und Telefonkonferenzen, Teamarbeit übers Netz – alles kein Problem mehr.

Allerdings sollte das nicht dazu führen, dass Arbeitnehmer jederzeit erreichbar sein müssen. Erwartungen und Absprachen zum Thema Erreichbarkeit sollten deshalb klar abgestimmt werden.

Und was ist mit dem Flurfunk?
Trotz all der technischen Möglichkeiten hat die Arbeit im Homeoffice einen offensichtlichen Nachteil im Hinblick auf die Kommunikation: Auf die Neuigkeiten

des Flurfunks muss man wohl oder übel verzichten. Deshalb kann es nicht schaden, sich ab und zu mit Kollegen auf ein Bier zu treffen – wenn es die Entfernung erlaubt – oder sich am Telefon zu einem Gedankenaustausch zu verabreden. Das wirkt dem Gefühl der Isolation entgegen und hält alle informationstechnisch auf dem Laufenden.

Wenn Mitarbeiter im Homeoffice arbeiten, sind sie zufriedener und produktiver – auch für Unternehmen ist das ein Gewinn. Klare Zielvorgaben und regelmäßige Fortschrittskontrollen erlauben größtmögliche Transparenz für beide Seiten. Regeln sind dabei unabdingbar, so lässt sich beispielsweise eine Vertrauensarbeitszeit vereinbaren. Dabei sollte nicht das strikte Einhalten der Arbeitszeit, sondern das zeitgerechte Erzielen zufriedenstellender Ergebnisse Priorität haben.

30

5.2 Welche steuerlichen Aspekte sind relevant?

Wenn Sie im Homeoffice arbeiten oder sich demnächst einen Homeoffice-Arbeitsplatz einrichten wollen, sollten Sie sich auch über die steuerlichen Rahmenbedingungen informieren. Denn Sie haben durch die Homeoffice-Arbeit die Möglichkeit, Steuern zu sparen.

Das Arbeitszimmer

Welchen Betrag Sie absetzen können, hängt von der Anzahl der Stunden ab, die Sie im Homeoffice arbeiten, sowie davon, ob das Arbeitszimmer den Mittelpunkt Ihrer gesamten Tätigkeit bildet oder ob Sie gar keinen anderen Arbeitsplatz haben. Es kommt außerdem darauf an, ob das Arbeitszimmer auch privat genutzt wird. Es muss sich bei Ihrem Arbeitsplatz um einen Raum handeln, der klar erkennbar als Büro eingerichtet ist und nur manchmal privat benutzt wird. Ein Schreibtisch im Schlafzimmer oder eine Arbeitsecke im Wohnzimmer werden nicht anerkannt. Eine Couch im Büro ist allerdings legitim.

Das Finanzamt akzeptiert in der Regel nur einen abgeschlossenen Raum als absetzbares Heim-Büro. Wenn Sie keinen anderen Arbeitsplatz haben, kann ein Höchstbetrag von 1.200 Euro (Stand: 2018) anerkannt werden.

Nebenkosten, Möbel, technisches Equipment

Denken Sie auch daran, anteilige Miete oder Finanzierungs- und Abschreibungskosten sowie Strom-, Wasser- und Heiz- oder Renovierungskosten geltend zu machen.

Ob der Arbeitgeber sich an der Möblierung des Arbeitszimmers beteiligt oder das technische Equipment zur Verfügung stellt, ist in den meisten Fällen Verhandlungssache. Beschafft der Arbeitnehmer sich seine Möbel selbst, kann er sie als Werbungskosten absetzen.

Wenn es kompliziert wird …
Die steuerlichen Aspekte sollten Sie sicherheitshalber mit einem Steuerberater besprechen, da die steuerliche Behandlung eines Homeoffice-Arbeitsplatzes eine ziemlich komplizierte Materie im Steuerrecht ist.

Wenn Sie regelmäßig im Homeoffice arbeiten, können Sie eventuell das Arbeitszimmer, aber auch Nebenkosten oder Kosten für Möbel und technisches Equipment von der Steuer absetzen. Entscheidend ist dabei, ob das Arbeitszimmer den Mittelpunkt Ihrer beruflichen Tätigkeit bildet, ob es auch privat genutzt wird und ob es ein abgeschlossener Raum ist. Am besten fragen Sie einen Steuerberater, dann sind Sie auf der sicheren Seite.

5.3 Was gibt es von rechtlicher Seite zu beachten?

Obwohl das Arbeiten im Homeoffice immer populärer wird, sind die rechtlichen Rahmenbedingungen noch weitestgehend unklar, und das trotz der zunehmenden Digitalisierung und des technischen Fortschritts, der neue Arbeitsmodelle ermöglicht.

Anspruch auf Homeoffice?
Im Unterschied zur Teilzeitarbeit gibt es auf das Arbeiten von zu Hause aus keinen gesetzlichen Anspruch.

Allerdings finden sich in manchen Tarifverträgen oder Betriebsvereinbarungen entsprechende Regelungen. Es lohnt sich also, nachzufragen, ob derartige Vereinbarungen existieren und ob diese auch festlegen, wie viel Prozent der Arbeitszeit im Homeoffice geleistet werden können oder an welchen Tagen und an wie vielen Tagen pro Woche Homeoffice möglich ist. Kann auch komplett von zu Hause aus gearbeitet werden? Gibt es Kernarbeitszeiten, die im Homeoffice einzuhalten sind? Müssen Zeiten für den Kundenkontakt berücksichtigt werden, muss die Verfügbarkeit für Kollegen gewährleistet sein? Auf jeden Fall sollten die Modalitäten schriftlich im Arbeitsvertrag festgehalten werden.

Wenn es keine generelle Homeoffice-Regelung gibt, heißt das nicht, dass es nicht möglich wäre, von zu Hause aus zu arbeiten. Vielleicht lässt es sich zumindest in Ausnahmefällen – wenn ein Kind krank ist oder wenn Angehörige pflegebedürftig sind – zeitweise realisieren.

Ab nach Hause?
Meist geht man davon aus, dass sich Arbeitnehmer wünschen, im Homeoffice arbeiten zu dürfen. Wer das jedoch nicht möchte, der kann beruhigt sein: Der Arbeitgeber kann *nicht* verlangen, dass der Arbeitsplatz ins Homeoffice „ausgelagert" wird!

Wenn Sie den Wunsch haben, von zu Hause aus zu arbeiten, sprechen Sie Ihren Chef doch mal darauf an. Eruieren Sie, ob es derartige Regelungen bereits in Ihrem Unternehmen gibt, und legen Sie sich überzeugende Argumente zurecht. Schließlich kann die Einrichtung eines Homeoffice-Arbeitsplatzes auch für Ihren Arbeitgeber interessant sein, weil er sich durch die Heimarbeit fixe Büro-Kosten sparen kann.

Arbeitsschutz

Genau wie im Unternehmen gelten in Ihrem Arbeitszimmer zu Hause das Arbeitsschutzgesetz (ArbSchG) und die Arbeitsstättenverordnung (ArbStättV). Der Arbeitgeber muss daher sicherstellen, dass Sie auch an Ihrem Bildschirmarbeitsplatz zu Hause Ihre Gesundheit nicht gefährden. Er handelt ordnungswidrig, wenn er diese Vorschriften nicht einhält. Wundern Sie sich also nicht, wenn er sich im Vertrag ein Zugangsrecht zu Ihrer Wohnung festschreiben lässt. Allerdings gibt es keinen rechtlichen Anspruch darauf und Besuche sollten immer nach vorheriger Vereinbarung erfolgen.

Vertraulichkeitspflichten

Der Arbeitgeber kann auch nach Absprache prüfen, ob Sie Ihre Vertraulichkeitspflichten einhalten. Dazu gehören auch Maßnahmen der elektronischen Datensicherheit. Alle wichtigen Geschäftsunterlagen müssen vor dem Einblick durch Dritte geschützt werden. Sie sind verpflichtet, Betriebs- und Geschäftsgeheimnisse auch zu Hause zu wahren. Lassen Sie deshalb keine Kundendaten offen auf dem Schreibtisch liegen.

Vertrauensarbeitszeit aus rechtlicher Sicht

Da bei der Arbeit im Homeoffice eine zeitliche Kontrolle durch Stechuhr oder andere Zeiterfassungen nicht möglich ist, gibt es die Regelung der Vertrauensarbeitszeit. Die Arbeitszeit wird dabei eigenverantwortlich und individuell durch den Beschäftigten geregelt. Dabei zählt, was der Mitarbeiter schafft, und nicht die am Arbeitsplatz verbrachte Zeit. Die ergebnisorientierte Arbeitsweise steht im Vordergrund.

Haftung und Versicherung

Auch Haftungsthemen sollten unbedingt klar geregelt werden. Der Schutz von Betriebs- und Geschäftsgeheimnissen gilt uneingeschränkt. Aber was passiert, wenn ein Computervirus aufgeschnappt wird und den Server verseucht? Geklärt werden muss auch, wer bei Unfällen im Wohnbereich haftet. Grundsätzlich unterliegt der Arbeitnehmer auch im Homeoffice und dem Weg vom Homeoffice in die Firma dem gesetzlichen Schutz der Unfallversicherung. Grenzwertig wird es, wenn man sich daheim einen Kaffee kocht und dabei verunfallt. Das ist dann eine Einzelfallentscheidung.

Homeoffice in der Mietwohnung

Ein Homeoffice in der Mietwohnung stellt keinen Verstoß gegen das Mietgesetz dar, sofern Ihre Tätigkeit nicht dem Charakter der Räume als Wohnung zuwiderläuft. Wenn Sie also zu Hause am Computer arbeiten oder Telefonate erledigen, bedarf es keiner gesonderten Zustimmung oder Vertragsvereinbarung. Auch gelegentliche Besprechungen sind erlaubt. Allerdings sollten Sie Ihren Vermieter darüber informieren. Wenn Sie häufigen Publikumsverkehr haben, sollten Sie dies unbedingt mit dem Vermieter abklären.

Homeoffice in der Eigentumswohnung

Eine Eigentumswohnung in einem Wohngebäude darf als Büro genutzt werden, wenn die Art des Bürobetriebs nach außen nicht oder kaum wahrnehmbar ist, wenn also kein oder kaum Publikumsverkehr herrscht. Um Missverständnisse zu vermeiden, sollten Sie aber den Sachverhalt in der Eigentümerversammlung oder mit dem Verwalter abklären.

Checkliste: Rahmenbedingungen für Homeoffice
Diese Fragen sollten Sie klären, bevor Sie sich ein Homeoffice einrichten:
- ✓ Gibt es eine Betriebsvereinbarung zur Arbeit im Homeoffice?
- ✓ Gibt es im Betrieb Kernarbeitszeiten, die auch im Homeoffice einzuhalten sind?
- ✓ Welche Arbeits- und Pausenzeiten gelten?
- ✓ An wie vielen Tagen pro Woche darf die Arbeit von zu Hause aus erledigt werden?
- ✓ Muss man zu bestimmten Zeiten für Vorgesetzte, Kollegen oder Kunden erreichbar sein?
- ✓ Beteiligt sich das Unternehmen an der Büroeinrichtung?
- ✓ Wann darf der Chef den Heimarbeitsplatz besichtigen?

✓ Was darf man auch privat nutzen?

✓ Muss eine Genehmigung vom Vermieter eingeholt werden?

✓ Muss die Eigentümerversammlung von der Büronutzung unterrichtet werden?

Homeoffice ist auf dem Vormarsch. Für viele Mitarbeiter stellt die Möglichkeit, von zu Hause aus zu arbeiten, eine Entlastung dar. Sie haben dadurch weniger Stress und arbeiten produktiver. Davon profitieren auch die Unternehmen. Dennoch gibt es vonseiten der Unternehmen gelegentlich noch Vorbehalte, da im Homeoffice kaum Kontrolle möglich ist. Hier helfen klare Regelungen und Vereinbarungen, etwa zum Thema Vertrauensarbeitszeit.

Arbeitnehmer sollten sich, wenn sie im Homeoffice arbeiten, auch über die steuerlichen Aspekte informieren. Eventuell lässt sich beispielsweise das Arbeitszimmer von der Steuer absetzen.

Ein weiteres wichtiges Thema sind die rechtlichen Rahmenbedingungen – angefangen bei der Frage, inwieweit ein Anspruch auf Homeoffice besteht, bis hin zu Themen wie Arbeitsschutz, Haftungsfragen und Vertraulichkeitspflichten. Die rechtlichen Fragen sollten vorab mit dem Arbeitgeber geklärt werden.

Selbstreflexion

Ist Homeoffice in Ihrem Fall möglich?

Sind Sie komplett selbstständig?	Ja ☐	Nein ☐
Sind Sie im Außendienst tätig und arbeiten weitgehend selbstständig?	Ja ☐	Nein ☐
Arbeiten Sie bereits jetzt manchmal von zu Hause aus?	Ja ☐	Nein ☐
Gibt es in Ihrem Unternehmen bereits die Möglichkeit, ein Homeoffice zu nutzen?	Ja ☐	Nein ☐
Haben Sie grundsätzlich die fachliche Kompetenz und die Befugnis, Aufgaben selbstständig zu bearbeiten und Entscheidungen zu treffen, ohne sich ständig mit Kollegen abstimmen zu müssen?	Ja ☐	Nein ☐

Auswertung:

Wenn Sie mehr als dreimal mit Ja geantwortet haben, sollten Sie die Möglichkeit, ein Homeoffice zu nutzen, mit Ihrem Arbeitgeber abklären. Falls Sie komplett selbstständig sind, ist diese Möglichkeit natürlich sowieso gegeben, sofern Sie nicht vor Ort beim Kunden gebraucht werden.

Ist die Arbeit im Homeoffice für Sie geeignet?

Wollen Sie Beruf und Privatleben flexibel vereinbaren?	Ja ☐	Nein ☐
Können Sie sich selbst gut organisieren?	Ja ☐	Nein ☐
Können Sie sich selbst motivieren?	Ja ☐	Nein ☐
Fällt es Ihnen leicht, Aufgaben zeitnah abzuarbeiten?	Ja ☐	Nein ☐
Können Sie den Zeitbedarf Ihrer Aufgaben gut einschätzen?	Ja ☐	Nein ☐
Bleiben Sie konzentriert an einer Aufgabe dran?	Ja ☐	Nein ☐
Haben Sie ein gutes Gespür dafür, wann Sie Gefahr laufen, sich zu überfordern?	Ja ☐	Nein ☐
Können Sie gut allein arbeiten, ohne den regelmäßigen persönlichen Kontakt mit Kollegen zu vermissen?	Ja ☐	Nein ☐
Ist Ihre Teilnahme an Präsenz-Meetings nur in Ausnahmefällen nötig?	Ja ☐	Nein ☐

Auswertung

Wenn Sie mehr als viermal mit Ja geantwortet haben, kann die Arbeit von zu Hause aus für Sie und Ihre Familie ein Gewinn sein.

Sind die Voraussetzungen für einen Homeoffice-Arbeitsplatz erfüllt?

Haben Sie die Möglichkeit, einen abgeschlossenen Raum zu nutzen?	Ja ☐ Nein ☐
Ist das nötige Equipment vorhanden oder zu beschaffen?	Ja ☐ Nein ☐
Gibt es eine ausreichende technische und elektronische Ausstattung? (Internetgeschwindigkeit, Handyempfang, Computeranschluss, Anrufbeantworter, Möglichkeit einer Telefonkonferenz oder Videokonferenz etc.)	Ja ☐ Nein ☐
Haben Sie abschließbare Schränke für vertrauliche Firmen- oder Kundenunterlagen?	Ja ☐ Nein ☐
Ist das Büro auch geeignet, um Besucher zu empfangen (z. B. mit Gästetoilette)?	Ja ☐ Nein ☐

Auswertung

Wenn Sie mehr als dreimal mit Ja geantwortet haben, steht einem Arbeitszimmer in häuslicher Umgebung nichts mehr im Wege.

Was sagt Ihr Umfeld zum Thema Homeoffice?

Sind Sie Single und nur für sich selbst verantwortlich?	Ja ☐ Nein ☐

Wenn Sie hier Ja ankreuzen können, steht es Ihnen natürlich frei, Ihren Homeoffice-Alltag nach Ihren Bedürfnissen zu gestalten. Die übrigen Fragen betreffen in erster Linie Menschen, die einen Partner und Kinder haben.

Trägt Ihre Familie Ihre Entscheidung mit?	Ja ☐ Nein ☐
Können auch Ihre Kinder bestimmte Aufgaben übernehmen?	Ja ☐ Nein ☐
Sind Sie sicher, dass aufgestellte Regeln von allen akzeptiert werden?	Ja ☐ Nein ☐
Kann zur Not jemand Betreuungs- oder Aufsichtsdienste übernehmen?	Ja ☐ Nein ☐
Können Sie auch mal abends an einer Telefonkonferenz teilnehmen?	Ja ☐ Nein ☐

Auswertung

Glückwunsch, wenn Sie mehr als dreimal mit Ja geantwortet haben. Die Rückendeckung Ihrer Familie haben Sie sicher.

Haben Sie Ihr Zeit- und Selbstmanagement im Griff?

Kennen Sie Ihre eigenen Zeitfallen?	Ja ☐	Nein ☐
Planen Sie Ihre Arbeiten jetzt schon schriftlich?	Ja ☐	Nein ☐
Verlieren Sie selten den Überblick über Ihre Tätigkeiten?	Ja ☐	Nein ☐
Können Sie gut Prioritäten setzen?	Ja ☐	Nein ☐
Schaffen Sie es, unnötige Mehrarbeit meist zu vermeiden?	Ja ☐	Nein ☐
Können Sie auch Aufgaben delegieren?	Ja ☐	Nein ☐
Können Sie gut Nein sagen?	Ja ☐	Nein ☐

Auswertung

Wenn Sie mindestens viermal mit Ja geantwortet haben, sind Sie gut strukturiert und die Arbeit daheim erledigen Sie gewissenhaft und stressfrei.

Rechtliche, steuerliche und versicherungstechnische Fragen

Haben Sie die Homeoffice-Vereinbarungen mit Ihrem Arbeitgeber im Arbeitsvertrag verankert?	Ja ☐ Nein ☐
Sind arbeitsrechtliche Aspekte berücksichtigt?	Ja ☐ Nein ☐
Haben Sie die steuerlichen Aspekte mit Ihrem Steuerberater besprochen?	Ja ☐ Nein ☐
Ist geklärt, wer wann bei Unfällen haftet?	Ja ☐ Nein ☐
Liegt das Einverständnis Ihres Vermieters oder anderer Eigentümer vor?	Ja ☐ Nein ☐

Auswertung

Wenn Sie mindestens viermal mit Ja geantwortet haben, sind Sie auch im Hinblick auf die rechtlichen Rahmenbedingungen schon gut auf das Homeoffice vorbereitet.

Fast Reader

1. Vor- und Nachteile von Homeoffice

Immer mehr Unternehmen bieten ihren Mitarbeitern Möglichkeiten, außerhalb des Firmengebäudes bzw. von zu Hause aus zu arbeiten. Die angebotenen Arbeitsmodelle sind jeweils unterschiedlich.

Oft ist es möglich, tageweise zu Hause zu arbeiten, entweder regelmäßig oder nach Bedarf. Bei den Modellen Mobile Work und Road Warrior wiederum haben die Mitarbeiter gar keinen festen Arbeitsplatz mehr.

Die Arbeit im Homeoffice erfordert in jedem Fall klare Strukturen und geht mit Herausforderungen einher, sie hat jedoch auch große Vorteile: Durch den Wegfall langer Wegezeiten und die flexiblere Zeiteinteilung lassen sich Beruf und Privatleben besser vereinbaren.

30 *Bevor Sie Homeoffice in Erwägung ziehen, sollten Sie überlegen, ob diese Arbeitsform zu Ihrer Tätigkeit und Ihrer Persönlichkeit passt.*
Zu Hause zu arbeiten, erfordert konsequente Selbstdisziplin und eine gute Zeitplanung. Je klarer die Vereinbarungen und je besser Ihre Selbsteinschätzung, desto eher wird das auf hoher Selbstverantwortung basierende Modell gelingen.

2. Einrichtung des Arbeitsplatzes

Um eine ungestörte Arbeitsatmosphäre zu gewährleisten, sollte der Arbeitsplatz nicht nur ein Laptop auf dem Küchentisch oder ein Schreibtisch in einer Zimmerecke sein, sondern nach Möglichkeit ein separater, abgeschlossener Raum. Es sollten auch verschließbare Schränke für vertrauliche Geschäfts- und Kundenunterlagen vorhanden sein sowie Maßnahmen zur elektronischen Datensicherheit bestehen.

30 *Folgendes sollten Sie bei der Einrichtung des Arbeitsplatzes beachten:*
- *Idealerweise haben Sie ein separates Arbeitszimmer. Falls das nicht möglich ist, sollten Sie ein externes Büro in Erwägung ziehen.*
- *Bei der Möblierung gilt: Weniger ist mehr.*

- *Achten Sie auch auf gute Lichtverhältnisse und eine ruhige Umgebung, die konzentriertes Arbeiten erlaubt.*

3. Arbeiten im privaten Umfeld

Ob Sie zu Hause arbeiten können, hängt natürlich weitestgehend von Ihrem Arbeitgeber und Ihrer Tätigkeit ab. Wenn Sie jedoch eine Familie haben, sollte diese unbedingt in die Planung einbezogen werden. Denn wenn sie Ihre Entscheidung nicht mitträgt, weil diese für alle eine Umstellung und ggf. Mehrarbeit bedeutet, kann das dem Familienfrieden schaden.
Zu Hause kommt es vermehrt zu Störungen, vor allem wenn Kinder im Haushalt leben. Dann sind klare Regeln und deren Einhaltung besonders wichtig. Auch Aufgaben im Haushalt sollten sinnvoll verteilt werden, damit sie Sie nicht von Ihrer beruflichen Tätigkeit ablenken.

Einerseits ergeben sich durch die Arbeit im Homeoffice mehr Möglichkeiten, den Tagesablauf flexibel zu gestalten, andererseits erfordert sie aber auch von allen Beteiligten mehr Disziplin:
- **Vereinbaren Sie klare Regeln mit Familienmitgliedern, um ungestört arbeiten zu können.**
- **Gestalten Sie bewusst Ihren Tagesablauf und beachten Sie dabei auch Ihren Biorhythmus.**

- *Stellen Sie sicher, dass Ihre Freizeit tatsächlich arbeitsfreie Zeit ist.*

4. Arbeitsabläufe und Zeiteinteilung

Zu Hause ist das Risiko höher, bei der Arbeit gestört zu werden. Es gibt aber auch eigenverursachte Störungen, da man sich in der häuslichen Umgebung leicht zu arbeitsfremden Tätigkeiten verleiten lässt.

Wer eigenverantwortlich zu Hause arbeitet, muss daher in der Lage sein, seine Zeit richtig einzuteilen, um das geplante Arbeitspensum zu schaffen. Hier ist ein gutes Zeitmanagement gefragt. Nicht zuletzt ist es auch wichtig, im Homeoffice auch mal Nein zu sagen – sowohl bei beruflichen Anfragen als auch bei privaten Störungen.

Optimieren Sie Ihr Zeitmanagement, indem Sie
- *am Abend die Aufgaben für den nächsten Tag schriftlich planen.*
- *üben, die Bearbeitungszeit von Aufgaben richtig einzuschätzen.*
- *nur 60 Prozent des Tages verplanen, um Zeit für Unvorhergesehenes zu haben.*
- *Aufgaben priorisieren und zwischen wichtigen und dringenden Aufgaben unterscheiden.*

5. Steuerliche und rechtliche Aspekte und die Sicht der Unternehmen

Wenn Mitarbeiter durch die Arbeit im Homeoffice Beruf und Privatleben besser in Einklang bringen und dadurch entspannter sind, sind sie auch produktiver – ein klarer Vorteil für Unternehmen. Dennoch haben viele Arbeitgeber beim Thema Homeoffice Bedenken. Sie befürchten, die Kontrolle über die Belegschaft zu verlieren, wenn die Mitarbeiter nicht vor Ort sind. Dagegen helfen klare Zielvorgaben und regelmäßige Fortschrittskontrollen, die eine größtmögliche Transparenz für beide Seiten erlauben.
Es gibt keinen gesetzlichen Anspruch auf Homeoffice, aber oft enthalten Tarifverträge und Betriebsvereinbarungen entsprechende Regelungen.

Wenn Sie als Arbeitnehmer im Homeoffice arbeiten möchten, sollten Sie vorab Folgendes klären:
- *Besprechen Sie die Details der Homeoffice-Regelung mit Ihrem Arbeitgeber und halten Sie diese auch im Arbeitsvertrag fest.*
- *Klären Sie rechtliche Fragen, etwa zur Haftung, zu Vertraulichkeitspflichten und zum Versicherungsschutz bei Unfällen im Homeoffice.*
- *Informieren Sie sich darüber, inwiefern Sie Ihren Heimarbeitsplatz steuerlich geltend machen können.*

Die Autorin

Christiane Wittig ist gelernte Werbekauffrau und seit 1990 erfolgreich als Trainerin und Coach tätig. Nach verschiedenen Führungspositionen wagte die gebürtige Berlinerin den Schritt in die Selbstständigkeit und gründete die Agentur wws weiterbildung – seminare+coaching. Als Expertin für Selbstmanagement und Entschleunigung unterstützt sie Unternehmen bei der Optimierung ihrer Arbeitsorganisation und Zeitkompetenz und berät ArbeitnehmerInnen im Homeoffice vor Ort oder mittels Coaching am Telefon bei ihren individuellen Anforderungen.

Die Entschleunigerin
Tel.: 08 131 29 222 36
Mobil: 0172 91 44 354
info@wws-wittig.de
www.wws-wittig.de

Weiterführende Literatur

- DIW Berlin – Deutsches Institut für Wirtschaftsforschung e. V.: Home Office. DIW Wochenbericht 5, 2016
- Hellert, U.: Arbeitszeitmodelle der Zukunft. Arbeitszeiten flexibel und attraktiv gestalten. 2014, Haufe Lexware
- Hübschen, T.; Frank, E.: Out of Office. Warum wir die Arbeit neu erfinden müssen. 2015, Redline Verlag
- Melasch, D.: Die Home Office Generation. Telearbeit als Arbeitsform der Zukunft. 2008, VDM Verlag Dr. Müller
- Plaggemeier, W.: Entwicklung des Home-Office. WEKA MEDIA. 15.04.2016. https://www.weka.de/betriebsrat-personalrat/entwicklung-des-home-office/ (eingesehen am 16.04.2018)
- Sieber, M.; Recknagel, P.: Ich bin dann mal im Home Office. Der Masterplan zu mehr Flexibilität. 2015, epubli
- SPIEGEL Online: Home Office. Ein Drittel der Firmen schickt die Mitarbeiter heim. 25.10.2013. URL: http://www.spiegel.de/karriere/home-office-ein-drittel-der-firmen-setzt-auf-heimarbeit-a-929290.html (eingesehen am 16.04.2018)
- SPIEGEL Online: Homeoffice. Sechs Tipps für die Arbeit allein daheim. 17.04.2015. URL: http://www.spiegel.de/karriere/homeoffice-sechs-tipps-a-1026895.html (eingesehen am 16.04.2018)

Register